감정, 관계, 성장의 회사생활 사용법
서툴러도 괜찮아

감정, 관계, 성장의 회사생활 사용법

서툴러도 괜찮아

육헌영 지음

"회사에서 나를 지키는 가장 좋은 방법은
나 자신을 아는 것에서 시작된다."

렛츠북

목차

프롤로그 서툴러도 괜찮다고 말해주고 싶었다 006

(입문) **1장 낯설지만 중요한 첫걸음**

1-1. 회사라는 낯선 집 　　　　　　　　　　011
1-2. 익숙함이 통하지 않을 때 　　　　　　　016
1-3. 태도가 먼저다 　　　　　　　　　　　　021
1-4. 기회는 조용히 온다 　　　　　　　　　　026
1-5. 혼란은 나쁜 게 아니다 　　　　　　　　032

(자기이해) **2장 나를 이해하는 것부터 시작해**

2-1. 회사는 나의 거울 　　　　　　　　　　　043
2-2. 성격이 아닌 표현의 문제 　　　　　　　049
2-3. 나답게 일하기 　　　　　　　　　　　　055
2-4. 무너져도 다시 서는 힘 　　　　　　　　061
2-5. 감정이 버팀목이다 　　　　　　　　　　068

(관계) **3장 관계가 서툴러도 괜찮아**

3-1. 보이는 게 다가 아닐 때 　　　　　　　　081
3-2. 첫인상의 벽 허물기 　　　　　　　　　　088
3-3. 말 너머를 읽기 　　　　　　　　　　　　094
3-4. 연결되는 말의 힘 　　　　　　　　　　　100
3-5. 오래가는 사람의 온도 　　　　　　　　　105

지속성장 4장 나답게 오래 일하는 법

4-1. 익숙함이 흔들릴 때　　　　　　　　118
4-2. 감도로 버티기　　　　　　　　　　124
4-3. 방식이 달라지면 나도 달라진다　　132
4-4. 오래 다니는 사람의 비밀　　　　　139
4-5. 회사를 다니며 나를 지키는 법　　　146

일의 본질 5장 일과 삶의 경계에서

5-1. 일이 전부는 아니다　　　　　　　　158
5-2. 일과 삶을 나누는 연습　　　　　　　165
5-3. 이 일에 나를 걸어도 될까　　　　　　170
5-4. 열심히만 해선 부족해　　　　　　　177
5-5. 나의 방향으로 다시　　　　　　　　184

에필로그 당신은 이미 잘하고 있다 **194**

부록 서툰 나를 위한 작은 연습장 **197**

　　1. 하루 하나 나를 위한 작은 약속
　　2. 나에게 띄우는 다정한 편지
　　3. 흔들리는 감정에 건네는 작은 처방전
　　4. 오늘 나와 대화하는 5분 일기
　　5. 나를 더 잘 알기 위한 조하리의 창
　　6. 마지막 한 페이지

프롤로그

서툴러도 괜찮다고
말해주고 싶었다

회사를 다니다 보면 문득 이런 말을 듣게 된다. "아직은 실력보다 태도가 중요하지." 처음엔 이해가 잘되지 않는다. '일은 결과로 말하는 거 아닌가?' '내가 일만 잘하면 되는 거 아닌가?' 하는 생각이 든다. 하지만 시간이 흐를수록 그 말이 뼈에 사무친다. 일을 잘하려는 의지만으로는 해결되지 않는 순간이 있다는 걸, 그리고 그런 상황에서는 결국 태도가 실력보다 더 중요하게 작용한다는 걸 깨닫게 된다.

회사는 일만 하는 공간이 아니다. 사람이 함께 일하는 공간이다. 아무리 똑똑하고 능력이 뛰어나도, 기본적인 태도가 갖춰지지 않으면 어느 순간부터 조직과의 거리가 생긴다. 회사는 개인이 아닌 팀으로 움직이는 곳이고, 관계 위에서 돌아가는 구조다. '내가 옳다'는 확신보다, '상대와 잘 맞춰보려는 마음'이 더 중요한 이유도 여기에 있다. 회사라는 공간은 그렇게 나의 실력만큼이나 나의 태도를 비춘다.

회사라는 낯선 공간에서 우리는 종종 '나'라는 사람을 잃어버리곤 한다. 서툴다는 이유로 주눅 들고, 실수했다는 이유로 괜한 눈치를 보며, 때로는 나 자신에게 실망하게 된다. 그럴 때마다 마음속에 하나의 목소리가 생긴다. "이런 내가 과연 괜찮은 걸까?" 나는 그 질문에 조용히 대답해 주고 싶었다. "서툴러도 괜찮아. 지금의 너도 충분히 잘하고 있어. 서툴다는 것은 부끄러운 게 아니라 성장하고 있다는 증거니까."

이 책은 그런 마음에서 시작되었다. 회사생활에 대한 실전 조언이기도 하지만, 그보다 먼저 '마음'에 대해 이야기하고 싶었다. 누군가의 말 한마디에 휘청이고, 나도 모르게 감정이 앞서고, 회사의 기준에 맞추느라 내 감정은 뒷순위로 밀려나는 순간들 속에서 조금은 서툴지만 진심으로 일하고 싶은 사람들에게 "너만 그런 게 아니야"라는 공감과 위로를 전하고 싶었다.

회사생활을 처음 시작할 때, 아무도 알려주지 않았던 것들이 있다. 문서 작성법도, 회의 준비도, 상사에게 어떻게 보고해야 할지도 누구도 정확히 알려주지 않았다. 그래서 우리는 시행착오를 겪으며, 때론 다치고, 때론 무시당하고, 그러면서 어른이 되어간다. 하지만 그 모든 시간 속에서도 단 한 가지를 놓치지 않았으면 한다. 바로, '내가 어떤 사람인지'에 대한 감각이다. 회사에서 나를 지키는 가장 좋은 방법은 결국 나 자신을 잘 아는 것에서부터 시작된다. '나는 왜 이 말에 민감했을까?' '나는 어떤 상황에 지친 걸까?' 이런 질문을 스스로에게 던지며, 내 감정을 놓치지 않는 것. 그게 바로 감정 회복력이고, 결국 회사에서 오래 버틸 수 있는 마음의 체력이다.

이 책은 일 잘하는 법을 알려주는 책이 아니다. '일과 함께 살아가는 나'를 돌아보게 만드는 내용을 담은 책이다. 때로는 마음이 복잡한 날, 어느 페이지 하나가 당신의 하루를 다정하게 토닥여 주었으면 좋겠다. 나 역시 회사를 다니며 수없이 넘어졌고, 부딪혔고, 그때마다 이렇게 되뇌었다. "서툴러도 괜찮아. 그게 나니까."

앞으로 이 책에서는 감정을 다루고, 관계를 맺으며, 결국 나답게 성장하는 법을 이야기하려 한다. 처음부터 완벽한 사람은 없다. 서툴다는 건, 당신이 지금 이 순간을 진심으로 살아가고 있다는 증거다.

입문

1장

낯설지만 중요한 첫걸음

처음 회사를 다니기 시작했을 때, 나는 나름의 각오를 품고 있었다. "잘하고 싶다. 실수하지 말자. 빨리 익숙해지자." 그 말들은 어쩌면 의욕보다도 불안의 다른 얼굴이었다. 낯선 공간에서 나를 증명해야 한다는 압박, 아직 익숙하지 않은 업무를 당연한 듯 소화해야 하는 분위기, 누구도 알려주지 않는 규칙 속에서 혼자 끙끙대며 해석해야 하는 매일이 내 앞에 놓여있었다.

나는 아무렇지 않은 척 웃으며 인사를 했지만, 속으로는 매 순간이 시험대 같았다. 회사에선 누가 가르쳐주지 않아도 '알아야 할 것들'이 너무 많았다. 점심시간은 어떻게 맞춰야 하고, 커피는 누구와 마셔야 자연스러운지, 회의에서는 언제 고개를 끄덕여야 어색하지 않은지…. '일'보다 '분위기'를 먼저 읽어야 하는 공간이라는 사실을 이해하는 데 그리 오랜 시간이 걸리진 않았다.

하지만 그걸 몸으로 익히는 데는 시간이 꽤 필요했다. 나는 자꾸 눈치를 봤고, 아무 말도 하지 않는 쪽이 더 안전하다고 여겼다. 정작 하고 싶은 말은 많았지만, 입 밖으로 내뱉기까지는 긴 용기가 필요했다.

문제는 그 모든 어색함이 '나만 그런 것처럼' 느껴졌다는 것이다. 다른 사람들은 모두 자연스럽게 회사를 누비고 있는 것 같았고, 나만 뒤처지는 느낌이었다. 하루가 끝나면 '오늘도 큰 실수 없이 지나갔나'라는 생각으로 자책과 안도를 동시에 느꼈고, 그렇게 잠들었다.

그런데 시간이 흐르며 서서히 알게 되었다. 모두가 처음엔 서툴렀다는 걸. 다만 그걸 겉으로 드러내지 않을 뿐이었다. 그걸 알게 된 뒤에야, 나 자신에게 조금 더 너그러워질 수 있었다. 회사는 단순히 일을 배우는 곳이 아니라 낯선 규칙에 적응하고, 관계를 맺고, 말투를 바꾸고, 감정을 조절하는 법을 익히는 곳이었다. 직무 역량보다 먼저 마주하는 건 바로 '사람'이었다. 어쩌면 회사생활의 시작은 지식이나 기술이 아니라 내 감정의 온도를 인식하고 받아들이는 데서부터 출발하는지도 모른다.

1-1. 회사라는 낯선 집

우리는 살면서 다양한 조직을 경험한다. 가족이라는 가장 작은 단위에서부터, 학교, 동아리, 아르바이트 팀, 친구 모임까지. 그 안에서 소속감을 느끼고, 역할을 맡고, 때로는 갈등하고, 화해하며 관계를 배워간다. 그래서 직장이라는 조직도 처음에는 비슷할 거라 생각하기 쉽다. "회사도 결국 사람 사는 곳 아니야?"라는 말은 그런 전제에서 출발한다. 하지만 막상 회사에 발을 들이고 나면, 곧 깨닫게 된다. 회사라는 공간은 지금까지 경험한 어떤 조직보다도 본질적으로 다르다는 걸.

회사는 정(情)으로 유지되지 않는다. 관계로만 굴러가지도 않는다. 학교처럼 성장 중심의 시스템도 아니고, 가족처럼 무조건적인 수용이 있는 것도 아니다. 가장 가까운 유사 조직은 아마도 군대일 것이다. 위계가 있고, 평가가 존재하며, 생존이 걸려있으니까. 그러나 심지어 군대보다도 회사는 더 경제 논리와 성과 중심으로 움직인다. 회사는 관계가 아니라 결과로 말하는 곳이다.

학교에서의 평가는 상대적으로 덜 즉각적이고, 실수가 곧 퇴출로 이어지지는 않는다. 친구 관계는 감정적 연결이 강해 웬만한 오해는 회복될 수 있다. 가족은 더더욱 그렇다. 서로를 이해하려는 의지가 바탕이 되어있기 때문이다. 하지만 회사는 다르다. 성과가 없다면 기회도, 이해도, 연대도 멀어진다는 점에서 회사는 냉정하다. 물론 그렇다고 감정이 무시되는 건 아니다. 오히려 감정을 무시해서는 안 되는 공간이지만, 감정 그 자체가 모든 걸 해결해 주지는 않는 곳이라는 의미에 가깝다.

왜 이렇게까지 다를까? 그건 회사가 '계약의 조직'이기 때문이다. 감정이 아닌 역할과 책임으로 묶인 구조. 회사 안에서 존재하는 이유는 '좋은 사람'이어서가 아니라 '필요한 사람'이기 때문이다. 역할이 있어야 존재할 수 있고, 책임을 다해야 존중받을 수 있다. 개인으로서의 나보다, 직무를 수행하는 '역할로서의 나'가 우선시되는 구조. 이건 친구나 가족, 학교와는 전혀 다른 패러다임이다.

예를 들어, 학교에서는 열심히만 해도 '좋은 학생'이라는 평가를 받는다. 결과보다 태도나 가능성에 기대는 경우가 많다. 친구 관계는 성과를 따지지 않고 '있는 그대로의 나'를 받아들여 준다. 하지만 회사는 다르다. 노력만으론 부족하고, 감정만으론 연결되지 않으며, 결과와 효율, 협업 능력과 문제 해결력이라는 냉정한 기준이 작동한다. 이 기준은 감정을 배제하자는 의미가 아니다. 오히려 감정을 구조적으로 조율하고, 관계를 전략적으로 설계해야 하는 곳이라는 의미다.

더 복잡한 점은, 회사가 명확한 위계와 암묵적인 문화가 공존하는 구조라는 점이다. 겉으로는 평등한 소통을 지향하면서도, 보이지 않는 권력 구조와 역할 기대치가 작동한다. 회사는 '상명하복'이 아닌 것처럼 보이지만, 실제로는 무수한 권한과 책임의 교차점에서 돌아간다. 말로는 수평적 문화지만, 회의실 분위기 하나로도 누가 결정권자인지 감지하게 되는 게 회사다. 그래서 회사에서는 단지 '일을 잘하는 것'만으로는 부족하다. 관계를 읽고, 상황을 해석하고, 감정의 미세한 진동까지 감지할 수 있는 감도가 필요하다.

그렇다면 왜 많은 사람들이 회사에 적응하는 데 어려움을 겪을까? 그것은 바로 회사만의 고유한 언어와 생존 방식을 미리 배우지 못했기 때문이다. 학교에서 지식과 기술은 배웠지만, 회사라는 조직이 작동하는 메커니즘은 배우지 못했다. 그래서 회사에 들어오면 낯선 규칙, 숨겨진 기대, 보이지 않는 평가 체계에 당황하게 된다. 그리고 그 당황스러움이 곧 무기력으로, 자책으로 이어지기도 한다. 사실 그건 누구의 잘못도 아니다. 단지 이 공간이 전혀 다른 논리로 돌아가는 낯선 세계이기 때문이다.

예를 들어, 회사에서는 '왜 이렇게까지 세세하게 보고해야 하지?'라는 생각이 들 수 있다. 또는 '굳이 말하지 않아도 알겠지'라고 여긴 일이 문제로 비화되기도 한다. 이건 단순히 소통 부족의 문제가 아니다. 회사라는 조직이 '보고 체계'와 '기록 중심'으로 작동하는 시스템이기 때문이다. 누가 어떤 정보를 언제 공유했는지가 의사결정과 책임 분배에 직접 영향을 주기 때문에, 말로 퉁치는 문화가 통하지 않는다.

또한, 회사는 '좋은 사람'보다 '함께 일하기 좋은 사람'을 더 중요하게 여긴다. 무뚝뚝해도 책임을 다하고, 예의 바르지 않아도 정확히 일하는 사람은 인정받는다. 반면에, 아무리 성격이 좋아도 협업이 안 되거나 피드백을 수용하지 못하면 멀어지게 된다. 여기에서 많은 초년생들이 혼란을 겪는다. "난 열심히 했는데 왜 나만 혼나는 걸까?" "왜 아무도 내 고생을 몰라주는 걸까?" 이 질문의 이면에는 회사만의 평가 기준에 대한 오해가 있다.

회사는 결과 중심이다. 하지만 그 결과는 혼자만의 성과가 아니라 조직 안에서의 기여도와 연결성까지 포함한 복합적인 기준으로 측정된다. 따라서 단순히 '내가 맡은 일만 잘하면 된다'는 생각은 위험하다. 회사를 이해하기 위해서는 나의 일, 동료의 일, 팀의 방향, 회사의 목표가 어떻게 연결되는지를 전체적으로 이해할 수 있어야 한다. 이건 단순히 일을 잘하는 것과는 다른 차원의 능력이다.

그리고 회사는 '계속해서 변화하는 생물체'와도 같다. 팀원은 바뀌고, 리더는 이동하고, 조직 목표는 수시로 조정된다. 어제의 정답이 오늘의 오답이 되기도 한다. 그러니 회사는 단단한 구조인 동시에 끊임없이 변화에 적응해야 하는 유기체다. 그 안에서 '일만 잘하는 사람'이 아니라 변화에 유연하게 반응하고, 감정과 상황을 읽어내며, 소통과 연결을 유지할 수 있는 사람이 되어야 한다. 이게 바로 회사가 요구하는 '진짜 실력'이다.

결국 회사는, 그동안 경험한 어떤 조직과도 다르다. 단지 그 차이를 몰랐을 뿐이다. 감정으로만 접근하기엔 구조가 너무 다르고, 관계로만 해결하기엔 기준이 너무 명확하다. 회사는 감정과 구조, 관계와 성과, 유연함과 단단함이 동시에 작동하는 복합 공간이다. 그래서 어렵고, 그래서 성장의 기회이기도 하다.

회사는 나를 비추는 거울이자, 나를 길들이는 시스템이며, 동시에 나다움을 지키며 살아남아야 하는 현실의 공간이다. 회사란, 단지 일만 하는 곳이 아니라 전혀 다른 규칙과 생존 방식이 존재하는 세상이다. 그걸 알아차리는 순간, 비로소 회사와의 첫 대화가 시작된다.

◇ 회사생활의 착각과 진실

"일만 잘하면 되지", "성과만 내면 다 인정받아", "감정은 업무에 끌고 오면 안 되지." 이런 말, 회사 들어오기 전에도 수도 없이 들었다. 하지만 현실은 생각보다 다르다. 회사에서 '일'만 잘하면 되는 건, 정말 딱 '일'만 할 때뿐이다.

- 보고서는 완벽했지만, 말투가 차가우면 반응은 싸늘해진다.
- 성과가 좋아도 동료들과 관계가 엉키면 기회가 멀어진다.
- 답을 말해도 타이밍을 놓치면 소용없을 때가 있다.

회사는 실력, 태도, 관계, 타이밍이 동시에 작동하는 복합적인 공간이다. 그래서 눈에 보이지 않는 공기를 먼저 읽는 사람이, 실력만 갖춘 사람보다 앞서 나간다.

"회사는 일만 하는 공간이 아니라 나를 비추는 가장 현실적인 거울이다."

1-2. 익숙함이 통하지 않을 때

처음 회사를 다니기 시작하면, 우리는 지금까지 쌓아온 '익숙한 방식'이 통할 것이라 믿는다. 학교에서 인정받던 태도, 과제를 빠르게 끝내는 습관, 말을 조리 있게 하는 능력. 그 모든 것들이 조직에서도 나를 빛나게 해줄 거라 생각한다.

그러나 현실은 다르다. 분명 나는 똑같이 성실하고 조용히 맡은 일을 해내고 있는데도, 이상하게 인정받지 못하는 느낌이 든다. 나보다 조금 느린 것 같은 동료가 더 자주 주목받고, 내가 던진 의견은 묵살되거나 되려 비판받는다.

학교에서는 정답을 잘 말하는 사람이 인정받았지만, 회사에서는 '말을 잘 고르는 사람', '타이밍에 맞게 반응하는 사람'이 더 중요한 것처럼 보인다. 그때 우리는 어렴풋이 느낀다. 익숙했던 나의 방식이, 이 공간에서는 통하지 않을 수도 있다는 불안을. 그리고 그 불안은 곧 혼란으로 번진다.

'나는 원래 이 정도는 할 수 있었는데 왜 여기선 안 되지?', '내가 뭘 잘못하고 있는 걸까?' 이런 질문들이 꼬리를 문다. 누군가는 말한다. "회사는 실력으로 말하는 곳이야." 하지만 내가 마주한 현실은 그보다 훨씬 복잡하다. 실력은 기본이고, 그 실력을 어떤 분위기 속에서, 어떤 관계 안에서 보여주느냐가 훨씬 더 많은 것을 결정한다.

그 낯설고 복잡한 감각은 내 안의 익숙함을 해체시킨다. 그동안의 습관, 말투, 판단 방식이 회사라는 새로운 규칙 앞에 낯설게 느껴지기 시작한다. 그러면서도 우리는 동시에 자꾸 예전의 나로 돌아가려 한다. '내가 원래 하던 대로 하면 될 거야', '좀 더 열심히 하면 알아주겠지.' 그러나 점점 지치고 흔들린다. 왜냐하면 지금의 나는 더 이상 예전의 나로만은 충분하지 않기 때문이다.

회사에선 '정답'보다 '맥락'이 더 중요하다. 그리고 그 맥락은 내가 배워왔던 체계와는 다르다. 눈치를 본다는 말은 부정적으로 들릴 수 있지만, 사실은 '정서의 흐름을 읽는 감도'를 뜻한다. 팀장이 지금 원하는 게 빠른 결과인지, 조율인지, 혹은 말을 아끼는 분위기인지를 미묘하게 감지할 줄 아는 능력. 그것이 이 조직에서 내가 살아남기 위한 또 하나의 실력이라는 것을, 익숙함이 무너진 뒤에야 깨닫는다.

이 시기를 지나며 우리는 자주 감정적으로 요동친다. 집에 가는 길에 문득 눈물이 날 때도 있고, 잘못한 게 없는데도 괜히 위축된다. 어떤 날은 스스로가 한없이 작게 느껴지고, 어떤 날은 괜히 모든 게 억울하다. 그런데 놀랍게도, 이런 감정이 처음 들었던 게 아니다. 그건 과거, 성장의 다른 국면에서도 찾아왔던 혼란과 닮았다.

중학교에 처음 입학했을 때, 대학에 처음 발을 들였을 때. 늘 익숙한 세계를 벗어나 새로운 질서에 적응해야 할 때, 감정은 그렇게 요동치며 나를 성장의 문 앞에 세운다. 회사 초년생 시절의 혼란도 그 연장선 위에 있다.

'내가 알던 세계'와 '지금의 세계' 사이에서 균형을 잃고 흔들리지만, 그 흔들림을 통과해야만 나는 '회사에서의 나'라는 새로운 정체성을 만들어 갈 수 있다. 문제는 내가 틀렸다는 게 아니라 세상이 바뀌었고, 그 변화에 내가 적응하고 있다는 점이다. 적응은 포기가 아니라 변화다. 포기는 스스로를 지우는 것이고, 적응은 내가 가진 익숙함을 새롭게 조율하는 것이다.

나는 여전히 나지만, 예전과는 다르게 반응하는 법을 배워야 한다. 일의 흐름 속에서 감정을 조절하는 법, 피드백을 들을 때 내 안의 방어기제를 잠시 내려두는 법, 동료와의 대화에서 침묵이 말보다 중요할 수 있다는 걸 인식하는 법. 이런 것들은 학교에서는 배우지 못했던, 하지만 조직에서는 생존을 넘어 성장의 기초가 되는 중요한 감정 기술이다. 내가 지금 느끼는 '어색함'은 그래서 결코 나쁜 것이 아니다. 오히려 그것은 내가 새로운 성장 곡선에 올라섰다는 신호다.

회사에서 내 감정이 자주 무너지는 이유는, 내가 너무 약해서도 아니고, 내가 예민해서도 아니며, 지금까지 나를 지탱해 주던 '익숙함'이 무너지기 때문이다. 나는 지금 낯선 세계에 적응하고 있고, 나 자신을 다시 조율하고 있다. 그러니 괜찮다. 낯섦은 성장을 위한 정상적인 통증이다. 지금 이 과정은 새로운 근육을 만들고 있는 시간이다. 흔들리고 있다는 건, 내가 이전보다 더 복잡한 세상과 마주하고 있다는 증거다.

성공적인 회사생활은 모든 걸 빨리 익히고 실수 없이 해내는 데 있는 게 아니다. 오히려 실수하고, 감정적으로 흔들리고, 방황하면서도 그 속에서 나만의 감도를 찾아가는 과정에 있다. 나는 언젠가 지금 이 어색하고 서툴렀던 나를 떠올리며 미소 지을 것이다. 그리고 말할 수 있을 것이다. "그때 내가 낯섦을 견뎌낸 덕분에 지금 이 자리에 있어."

회사는 결과를 만들어 내는 곳이기도 하지만, 나 자신을 다시 이해하고 새롭게 살아내는 장소이기도 하다. 내가 그동안 알지 못했던 내 안의 감정들, 반응들, 그리고 태도들을 새롭게 배우는 공간. 익숙함이 통하지 않는 이 세계에서 나는 새로운 나를 만들어 가고 있다. 그래서 이 혼란은 두려움이 아니라 '시작'이다. 내가 회사에서 버티는 이유는, 이 일을 꼭 해야 하기 때문이 아니라 이 안에서 나를 새롭게 발견하고 있기 때문이다.

◇ **직장 초년생의 감정 리포트**

감정 상태	감정의 언어	설명
혼란	"왜 이렇게 힘들지? 잘하려고 했는데…"	모든 게 낯설고 긴장의 연속이다. 실수하지 않으려는 마음과 '잘하고 싶은 욕심'이 부딪히며 지친다. 익숙한 방식이 통하지 않을 때, 머릿속이 뒤죽박죽된다.

불안	"내가 잘하고 있는 걸까?", "뒤처지는 것 같아…"	다른 동료는 잘 해내는 것 같은데, 나만 못 따라가는 느낌. 비교 속에서 자신감이 줄고, 방향을 잃는다.
억울함	"결과는 나쁘지 않았는데, 왜 평가가 별로지?"	최선을 다했지만 돌아오는 반응은 미적지근하다. 노력한 만큼 인정받지 못한다는 감정이 억울함으로 이어진다.
자책	"내가 뭘 잘못하고 있는 거지?", "이 일이 나랑 안 맞는 건가…"	피드백에 위축되고, 스스로를 탓하며 자존감이 흔들린다. 실수보다 자기 존재 자체가 문제처럼 느껴질 때 생기는 감정이다.

〖 팁(TIP) 〗

⊘ 오늘 하루, 내가 어떤 감정의 자리에 있었는지 기록해 보자.

⊘ 감정은 '흘려보내야 할 것'이 아니라 '붙잡고 이해해야 할 것'이다.

⊘ 혼란, 불안, 억울함, 자책은 실패가 아니라 변화의 시작일 수 있다.

⊘ 감정의 기록은 나를 이해하는 첫 번째 자기 보고서가 된다.

1-3. 태도가 먼저다

처음 회사에 들어오면 대부분 이렇게 생각한다. '일만 잘하면 되겠지.' 학교에서는 시험 성적이 모든 것을 말해줬고, 노력은 결과로 보상받았다. 하지만 회사는 달랐다. 실력이 있어도 그 실력을 조직 안에서 '어떻게 풀어내는가'에 따라 평가가 갈린다. 그 첫 번째 기준은 다름 아닌 '태도'다. 태도는 기술보다 먼저 보이고, 성과보다 먼저 판단된다. 말한마디, 표정 하나, 피드백을 듣는 자세, 동료의 말을 대하는 반응, 그 모든 것이 실력만큼이나 중요하다.

회사는 사람과 사람이 함께 일하는 공간이다. 그렇기에 '일만 잘하는 사람'보다 '같이 일하고 싶은 사람'이 더 오래 살아남는다. 실력은 정량적으로 비교할 수 있지만, 태도는 정성적으로 인식된다. 그리고 이 정성적인 태도는 감정의 흐름 속에서 평가된다. 조직은 성실함만으로는 신뢰하지 않는다. 신뢰는 감정에 대한 조율력에서 생기고, 관계에서의 유연함에서 자란다.

태도는 단순한 겉모습이 아니다. 그것은 감정의 흐름을 읽고 조율하는 힘이다. 동료가 말을 꺼낼 때 내가 어떻게 반응하는가, 피드백을 받을 때 어떤 표정으로 듣는가, 누군가가 실수했을 때 어떤 말을 건네는가. 이런 순간순간이 모두 '태도'다. 감정을 억누르는 것이 아니라 감정을 반사적으로 반응하지 않고 부드럽게 이어가는 것이 진짜 태도의 실력이다.

조직에서 감정은 업무 외적인 문제가 아니라 업무를 움직이는 리듬이다. 회의 중에 침묵이 흘렀을 때, 누군가는 그 정적을 깨는 용기를 낸다. 피드백이 주어졌을 때, 어떤 이는 방어적으로 반응하고 어떤 이는 배우는 자세로 받아들인다. 같은 말을 듣더라도 반응은 달라지고, 그 반응은 곧 사람에 대한 신뢰로 이어진다. 실력은 익힐 수 있지만, 태도는 오랜 시간 동안의 감정 습관에서 길러진다.

"그렇게 말하면 어떡해요."
"나는 그냥 조용히 하고 싶은 건데, 왜 눈치를 줘요?"
"아무리 생각해도 억울해요. 틀린 건 아닌데 왜 나만 지적받죠?"

회사에서 흔히 들리는 말들이다. 문제는 대부분 '무엇을 했는가'보다 '어떻게 보였는가', '어떤 분위기를 만들었는가'에 따라 평가가 달라진다는 데 있다. 말의 내용보다 말의 방식, 감정의 전달보다 감정의 해석이 더 중요하게 작용한다.

나는 진심이었지만, 상대는 불편하게 느낄 수도 있다. 나는 조용히 집중한 것뿐이지만, 동료는 나를 무뚝뚝하다고 해석할 수 있다. 그 틈을 메우는 것이 감정 조율력이다. 내가 말한 것이 아니라 내가 '어떻게 반응했는가'가 결국 관계의 흐름을 결정한다. 그러니 반응을 성찰하는 습관이 필요하다.

회의에서 누군가의 아이디어가 마음에 들지 않을 때, 반박보다 질문으로 되묻는 태도. 피드백을 받을 때, 즉각적으로 해명하지 않고 '생각해 볼게요'라고 말하는 여유. 실수했을 때, 감정적으로 움츠러들기보다 '다시 해보겠습니다'라는 단단한 목소리. 이런 조율력이 쌓여 조직 안에서의 '정서적 신뢰'를 만든다.

현신은 기획팀 입사 3년 차. 일 처리가 빠르고 꼼꼼한 편이지만, 최근 프로젝트에서 예상치 못한 평가를 받았다. "조금만 더 부드럽게 소통해 보면 좋겠어요"라는 팀장의 피드백이었다. 그녀는 억울했다. '내가 뭘 그렇게 잘못했지?' 실수도 없었고, 일정도 모두 맞췄다. 하지만 문제는 결과가 아니라 과정이었다.

회의에서 팀원들의 아이디어에 무표정으로 반응하고, 피드백이 오면 "수정할게요"라고 짧게 답하곤 했던 그녀의 태도는 '벽이 있다'는 인상을 주었다. 정작 본인은 실수하지 않기 위해 신중했던 것이고, 감정을 절제하는 것이 프로페셔널하다고 믿었지만, 팀은 그녀와의 교류에서 어려움을 느꼈다.

현신은 이후 '내가 말한 것이 아니라 내가 반응한 방식'을 돌아보기 시작했다. 회의 중 상대방의 말을 메모하면서 고개를 끄덕였고, "그 생각 좋네요"와 같은 작은 긍정 표현을 더했다. 피드백을 받을 땐 "그 부분이 약했던 것 같아요. 보완해서 다시 드릴게요"라고 반응했다. 그 변화는 사소하지만 분명했고, 동료들은 점점 그녀에게 마음을 열기 시작했다.

결국 회사는 실수를 안 하는 사람보다, 관계의 흐름을 부드럽게 이어가는 사람을 신뢰한다.

회사생활은 단순히 '정답을 말하는 능력'이 아니라 '분위기를 조율하는 감도'다. 그리고 이 감도는 감정의 파동을 읽는 데서 출발한다. '나는 잘하고 있어'라는 확신만큼, '혹시 내가 놓친 건 없을까?'라는 질문이 필요하다. 감정을 지나치게 억누르지도 않고, 감정에 휘둘리지도 않는 균형. 그 정서적 중심을 유지하는 태도가 결국 조직에서 오래 살아남는 힘이 된다.

'일만 잘하면 된다'는 말은 틀리지 않다. 하지만 '일만 잘해서는 부족하다'는 말이 더 현실적이다. 감정을 읽고, 관계를 잇고, 분위기를 부드럽게 만드는 태도, 그 모든 것이 당신의 실력에 날개를 달아주는 진짜 자산이 될 것이다.

◇ 생각해 볼 다섯 가지 태도의 연습

첫째, 실수했을 땐, 감정부터 들여다보자.
누구나 실수한다. 중요한 건 그 실수에 대해 나를 탓하기보다, 그 감정의 뿌리를 먼저 바라보는 것이다. '왜 그런 선택을 했을까?', '그때 나는 어떤 마음이었을까?' 차분히 되짚어 보자. 자책보다 중요한 건, 감정을 이해하려는 태도다.

둘째, 피드백은 나를 위한 또 하나의 시선이다.

지적은 불편할 수 있지만, 그 안에는 내가 놓친 관점이 숨어있다. 당장은 상처가 될 수 있어도, 시간이 흐르면 그 조언이 성장의 디딤돌이 된다. 비판은 성장을 향한 반가운 불청객일지도 모른다.

셋째, 감정이 반응하기 전에, 나에게 묻자.
감정은 상황보다 빠르다. 억울함, 서운함, 분노, 혼란… 그런 감정이 밀려올 때, '나는 왜 이 감정을 느낄까?', '지금 이 상황에서 내가 정말 원하는 건 뭘까?'라는 질문을 먼저 던져보자. 감정을 억누르기보다 조율하는 연습이 중요하다.

넷째, 과정 안에서 나의 의미를 찾자.
결과보다 오래 남는 건 그 결과를 만드는 내 모습이다. 실수해도 포기하지 않은 끈기, 동료와 함께한 협업, 다시 시작하려는 의지. 결과가 기대에 못 미쳤어도 그 과정을 사랑하는 태도는 나 자신을 지키는 진짜 힘이다.

다섯째, 함께 일하는 사람이 되자.
일은 혼자 해도 되지만, 성과는 함께 나누어야 만들어진다. 동료의 말에 귀 기울이고, 작은 일에도 고마움을 표현하며, 다름을 존중하는 태도. 조직은 결국 '함께 일하고 싶은 사람'을 기억한다. 관계의 감도를 키우는 태도가 진짜 실력이다.

1-4. 기회는 조용히 온다

처음 회사에 들어가면 누구나 기대하게 된다. '어떤 좋은 기회가 내게도 찾아올까?', '언제쯤 나는 중요한 일을 맡아볼 수 있을까?' 그런 기대는 나도 모르게 '기회는 누구나 공평하게 오는 것'이라는 믿음을 만들어 낸다.

하지만 시간이 지나면 우리는 깨닫게 된다. 기회는 생각보다 그렇게 뚜렷하게 오지 않는다. 공지사항처럼 오지 않고, 누군가 직접 알려주지도 않는다. 뚜렷한 신호도 없이, 대단한 준비를 할 시간도 없이, 조용히 그리고 은근하게 스며든다. 기회는 '이게 기회야'라고 알려주지 않는다.

그것은 작은 요청의 형태로, 예상치 못한 업무의 형태로, 때로는 남들이 꺼리는 역할의 형태로 찾아온다. 그래서 기회를 놓치는 사람은 종종 이렇게 말한다. "그게 그렇게 중요한 일이었는지 몰랐어요." 혹은 "나한테 왜 미리 말 안 해줬는지 모르겠어요." 회사에서의 기회는 보통 소리 없이 온다.

직장에서 기회를 알아본다는 건, 결국 그 안에 숨겨진 신호를 감지할 수 있는 능력과 연결되어 있다. 상사가 무심하게 던진 "이건 누가 좀 맡아봐야 할 텐데"라는 말, 팀 회의 중 잠깐 스쳐 간 아이디어에 누군가가 반응하지 않을 때, 팀장이 평소보다 조금 더 내 의견을 묻는 태도. 이런 것들이 사실은 기회의 전조다. 하지만 그런 순간을 알아보지 못하면, 우리는 그냥 지나쳐 버린다. 일에 몰두하느라, 감정에 휘둘리느라, 혹은 자신감을 잃고 있었기 때문에 기회가 말을 걸었는데도 놓쳐버린다.

기회를 발견한다는 건 준비된 사람만 가능한 일이 아니다. 오히려 '눈치'가 아니라 '감도'의 문제에 가깝다. 눈치가 타인을 향한 반응이라면, 감도는 전체 흐름을 읽고 자기중심을 유지하면서도 미세한 변화에 주파수를 맞추는 태도다. '내가 뭘 잘해서'보다 '내가 어떤 흐름 위에 있었는가'를 돌아보면, 기회는 항상 그 흐름을 타고 조용히 찾아온다는 걸 알 수 있다.

입사한 지 5개월 된 신입사원 다운은 팀장이 지방 세미나에 동행할 사람을 구하고 있다는 이야기를 들었다. 주말을 반납해야 했고, 업무와 직접적인 연결도 없었기에 팀원들은 조용히 고개를 숙이고 있었다. 그때 "제가 가도 괜찮을까요?"라고 말하며 다운이 손을 들었다.

팀장은 놀란 표정을 지었지만 이내 흔쾌히 허락했고, 그렇게 다운은 처음으로 팀장과 단둘이 외부 일정에 동행하게 되었다. 그 짧은 출장이 끝나고 나서 팀장은 다음 중요한 프로젝트 회의에 다운을 조수로 배석시켰고, 이후 다운은 본격적인 기획 업무에 참여할 기회를 얻게 되었다.

다운은 말한다. "그때는 이게 그렇게 큰 기회가 될 줄 몰랐어요. 그냥 한 번이라도 팀장과 이야기할 수 있는 시간이 생기면 좋겠다고 생각했을 뿐이에요." 그렇게 기회는 조용히, 그러나 분명히 그 사람을 향해 움직였다.

기회를 감지하는 능력은 '성과를 내겠다'는 마음만으로는 키워지지 않는다. 그것은 '관심을 두는 태도'에서 비롯된다. 매일 반복되는 루틴 속에서도 이 일이 어떤 맥락으로 흘러가고 있는지를 살피는 힘, 내가 지금 보고 있는 일의 주변을 한 번쯤 더 둘러보는 여유, 그리고 눈에 띄지 않지만 의미 있는 것들에 반응하는 감각. 이러한 훈련을 통해 감도가 길러지는 것이다. 감도는 '지금 이 일이 내게 무엇을 말하고 있는가'를 자주 묻는 데서 출발한다.

우리는 흔히 기회를 '큰 무대'로 상상한다. 많은 사람들 앞에서 발표하고, 박수받고, 중요한 자리를 맡는 그런 장면을 떠올린다. 하지만 현실 속 기회는 대부분 작고 평범한 일의 틈새에서 찾아온다. 남들이 지루해하는 자료 정리를 끝까지 맡는 사람, 회의 끝나고 남아 의자를 정리하는 사람, 갑작스러운 변경 요청에도 짜증내지 않고 대처하는 사람. 그런 태도 하나하나가 기회를 부른다. 왜냐하면 기회를 주는 사람은 그 사람의 태도와 반응을 보기 때문이다. 그 사람의 전반적인 일 처리와 분위기 반응 속에서 '한 번 더 맡겨볼 만한 사람'이라는 신뢰가 형성된다.

기회를 놓치게 되는 사람들은 대부분 기대가 큰 경우가 많다. '이 정도는 돼야 기회지', '이런 일은 내 일이 아닌데 왜 나한테 시키지?'라는 생각은 기회의 방향을 끊어버린다. 그 반대편에는 '이 일의 안쪽엔 뭔가가 있을지도 몰라', '내가 이걸 잘하면 다음이 생기지 않을까?'라고 생각하는 사람이 있다. 기회는 늘 그런 사람 쪽으로 스며든다. 감도가 있다는 건, 지금은 사소해 보여도 이 일이 어떤 연결고리를 만들 수 있을지 상상할 수 있는 능력이다.

동료 중에 민영이라는 과장이 있었다. 민영은 회의 때 말을 많이 하지 않았다. 리더십이 뛰어나지도 않았고, 눈에 띄는 제안도 없었다. 그런데 어느 날 팀장이 민영을 부르더니 새로 들어올 신입의 멘토를 맡아보라고 했다. 그건 단순한 멘토링이 아니었다. 신입 교육과 동시에 팀 내 업무 매뉴얼을 정비하는 중요한 역할이었다. 민영은 놀랐지만 그 일을 맡았고, 신입의 눈높이에 맞춰 문서를 정리하고 시스템을 재정비하면서 서서히 중심인물로 떠오르게 됐다.

사람들은 나중에서야 알게 되었다. 민영이 회의 중에 주로 듣기만 했던 이유는, 모든 사람의 이야기를 기록하고 흐름을 정리하고 있었기 때문이라는 걸. 팀장은 말없이 흐름을 파악하고 균형을 맞추던 민영의 '감도'를 보았던 것이다.

기회는 때로 위장되어 나타난다. '지금 이건 아닌 것 같아', '내가 이걸 왜 해야 하지?' 싶은 일들이 실은 다음 단계를 위한 전제 조건이 되기도 한다. 그래서 기회를 알아차리는 사람은 '지금 이 일이 얼마나 중요한가'를 묻기보다, '이 일을 내가 어떻게 받아들이고 소화하는가'를 묻는다. 감도 있는 사람은 상황을 해석하는 능력이 다르다. 어떤 일에 의미를 부여하느냐, 그 의미를 어떻게 연결하느냐에 따라 기회는 '주어진 것'에서 '만들어 낸 것'으로 변환된다.

나 역시 지나고 나서야 알게 된 기회들이 많다. 누가 하지 않아도 될 정리를 도맡았던 순간이 나중에 협업의 연결고리가 되었고, 우연히 참석한 타 부서 미팅에서 나의 작은 발언이 다음 프로젝트로 이어졌다. 그때는 전혀 몰랐다. 단지 지금 이 자리에서 최선을 다해야 한다는 마음뿐이었다. 그런데 그게 기회를 만든 것이다. 그래서 기회는 '오기를 기다리는 것'이 아니라 '내가 지금 하는 일 안에서 발견해 내는 것'이다.

기회는 언제나 조용히 온다. 그 조용함을 들을 줄 아는 사람, 그 낯선 요청에 열린 태도로 반응하는 사람, 그 흐름을 포착하고 스스로를 준비시키는 사람이 결국 기회를 잡는다. "왜 나한텐 아무 일도 안 생기지?"라는 말 대신, "혹시 지금 이게 기회일 수도 있지 않을까?"라고 질문해 보자. 그 질문 하나가 오늘 하루를 기회로 바꾼다.

◇ 10초 감도 리포트

기회는 조용히 다가오기 때문에, 오늘의 내 감각이 그 조용한 움직임을 얼마나 잘 알아차렸는지 매일 점검해 보는 시간이 필요하다. 하루의 끝에서 단 10초만 시간을 내어 아래 질문들을 곱씹어 보자. 그 짧은 질문 속에, 내일의 기회를 맞이할 준비가 담겨있다.

첫째, 오늘 나는 맡은 일의 '의미'를 이해하려 노력했는가?
단순한 처리와 목적 있는 행동은 결과의 깊이가 다르다. 연결의 감도는 목적을 묻는 태도에서 자란다.

둘째, 실수 앞에서 나는 어떤 반응을 보였는가?
실수는 실력의 끝이 아니라 태도의 출발점이다. 나는 피하거나 숨기지 않고, 스스로 복구하려 했는가?

셋째, 아무도 말하지 않았지만, 내가 먼저 움직인 순간은 있었는가?
기회는 '지시'가 아니라 '자발성'을 기억한다. 나의 주도성이 조직의 공기를 바꾼 적이 있었는가?

넷째, 오늘 내가 정성 들인, 남들은 모를 작은 일이 있었는가?
작지만 신중한 태도는 언젠가 큰 신뢰로 돌아온다. 조직은 그것을 정확히 기억한다.

다섯째, 지금 내가 하고 있는 일은 내가 원하는 방향과 연결되어 있는가?
기회는 방향성 있는 태도에 스며든다. 나는 지금, 무의식적으로라도 내 미래를 향해 움직이고 있는가?

1-5. 혼란은 나쁜 게 아니다

혼란은 나쁜 걸까? 많은 사람이 그렇다고 생각한다. 머릿속이 뒤엉키고, 감정이 앞서고, 해야 할 일을 보면서도 손이 움직이지 않을 때. 그럴 땐 누구나 이렇게 말한다. "내가 왜 이러지?", "지금 너무 불안해서 아무것도 못 하겠어." 그런데 생각해 보자. 정말 그 혼란은 나쁜 걸까? 정말 그건 멈춰야 할 상태일까? 그 혼란은 지금 내가 '어딘가로 넘어가고 있다는 증거'가 아닐까?

회사생활을 시작하고 몇 달쯤 지나면, 누구나 겪는 시기가 있다. 일을 익히고, 사람들과 어울리고, 뭔가에 적응해 나가는 중인데도 어느 순간 '이게 맞나?'라는 감정이 스멀스멀 올라온다. 처음엔 분명 설렘과 의욕이 있었는데, 점점 루틴에 갇히는 느낌이 들고, 동시에 미래에 대한 불확실성도 커진다. 출근길이 버거워지고, 사소한 피드백에도 마음이 무너진다. 뭘 어떻게 해야 좋을지 모르는 상태. 그것이 바로 혼란이다. 하지만 그 혼란은 대개 '이상 신호'라기보단, '전환 신호'에 가깝다.

진짜 문제는 혼란 자체가 아니다. 혼란을 부정하고 억지로 감추거나 밀어낼 때, 그것은 오히려 더 깊어진다. 반대로, 그 혼란을 정면으로 바라보고 들여다보는 사람은 서서히 그 안에서 길을 찾게 된다. 혼란은 '왜곡된 감정'이 아니라 '지금의 나를 정확하게 보여주는 상태'다.

지금 이 일이 나에게 어떤 영향을 주고 있는지, 지금 이 환경이 내게 어떤 압박이나 충돌을 만들고 있는지. 그 사실을 말보다 빠르게 감정이 먼저 인식하고, 신호를 보내고 있는 것이다. 그렇기 때문에 혼란은 감정을 통해 자신을 들여다보게 만드는 출발점이다.

혼란은 대부분 '내가 진심으로 무언가를 하고 있다는 증거'이기도 하다. 무관심한 사람은 혼란을 느끼지 않는다. 감정이 없을 때, 애초에 흔들릴 이유조차 없다. 따라서 혼란은 곧 진심의 증거이기도 하다. '이 일에 정말 최선을 다하고 싶은데 결과가 그렇지 않아서', '사람들과 잘 지내고 싶은데 왜 계속 엇갈리는지 몰라서' 혼란이 생긴다.

그 안에는 나의 기대와 애씀이 들어있다. 그렇다면 이제 그 혼란을 더는 부정할 필요가 없다. 오히려 그 혼란을 언어화하고, 해석하고, 감정적으로 정리해 보는 시간이 필요하다.

5년 차 대리였던 하윤은 어느 날 문득 출근길에 눈물이 났다. 별다른 이유가 있는 건 아니었다. 그냥 출근 준비를 하면서 평소처럼 거울을 보는데, 문득 '왜 이렇게 지쳐 보이지?'라는 생각이 들었고, 그 순간 쏟아지는 감정이 있었던 것이다.

멀쩡히 일하고 있었고, 외부에서 보기엔 문제도 없어 보였지만, 그녀의 내면은 이미 오래전부터 혼란에 빠져있었다. 일은 잘하고 있었지만, 회사에서의 역할과 본인의 정체성 사이에 점점 괴리가 생기고 있었던 것이다. 하윤은 그날 처음으로 퇴근 후 일기장을 펼쳤다.

"내가 지금 왜 이런 기분이 드는지 설명할 순 없지만, 내가 느끼는 감정은 분명히 존재한다." 그 문장을 쓰고 나서야 그녀는 비로소 자기 감정과 연결되었다고 느꼈다. 이후 하윤은 일주일에 한 번, '마음 기록'이라는 이름으로 자신의 감정을 글로 정리하기 시작했고, 그것이 그녀의 방향을 바꾸는 시작이 되었다.

혼란은 방향이 없는 상태가 아니다. 방향을 찾으려는 마음이 강할수록 혼란은 커진다. 그래서 혼란은 나의 애쓰는 마음의 그림자이자, 의식하지 못한 감정의 언어다. 그 언어를 들을 수 있어야 한다. 그리고 그 언어는 대부분 말로 나오지 않는다. 그래서 우리는 감정을 기록해야 한다. 글로 쓰든, 말로 풀든, 감정의 언어를 꺼내야 한다. 그렇게 해야 혼란이 하나의 지도로 바뀐다.

사람들은 감정을 조절하는 걸 감정을 참는 것이라고 오해한다. 하지만 감정을 참는 건 감정을 조절하는 게 아니다. 감정을 조절한다는 건, 그 감정의 구조와 흐름을 이해하고, 나의 상태를 있는 그대로 받아들이는 것이다. 감정이 올라왔을 때 '왜 이렇게 예민하지?'라고 비난하는 것이 아니라 '아, 지금 내가 너무 지쳐있구나'라고 이해하는 것이 조절이다. 그래서 혼란의 시기에는 비판보다 관찰이 먼저다. 그 관찰을 꾸준히 하다 보면, 조금씩 감정이 정리되고, 그 안에서 나다운 방향이 보이기 시작한다.

혼란의 시기에는 루틴이 특히 중요하다. 루틴이란 거창한 게 아니다. 단지 나를 다시 나로 돌아오게 만드는 일상의 리듬이다. 하루 5분의 산책, 일정한 시간의 취침, 감정 기록, 따뜻한 음료를 마시는 시간. 이런 사소해 보이는 루틴이 혼란 속에서 나를 붙잡아 주는 버팀목이 된다. 루틴은 변화하지 않는 기준을 만들어 주고, 그 안에서 감정이 천천히 안정되기 시작한다.

혼란은 끝나야 하는 것이 아니라 지나가야 하는 것이다. 우리는 혼란을 없애려 애쓰기보단, 그 혼란과 함께 걸을 수 있어야 한다. 그것은 나를 이해하고 돌보는 훈련이고, 내면의 회복탄력성을 기르는 과정이다. 결국, 혼란을 마주할 용기가 있을 때, 우리는 단단해진다.

회사에서 혼란을 겪는 것은 부끄러운 일이 아니다. 오히려 그 혼란이야말로 성장을 준비하는 진동이다. 흔들리는 건 당연하고, 중요한 건 그 흔들림 속에서도 나를 읽어내려는 자세다. 혼란은 당신이 무너지고 있다는 증거가 아니라 변화하고 있다는 증거다.

◇ 조금 느린 사람을 위한 조언 카드

지금 흔들리고 있다면, 아래의 문장 중 하나를 오늘의 마음에 붙여놓자.

"불안은 나의 진심이 만든 질문일지도 모른다."
"지금 이 감정은 내가 삶을 대충 살고 있지 않다는 증거다."
"빠른 길보다 중요한 건, 내가 끝까지 납득할 수 있는 길이다."
"내가 나에게 묻고 있다는 건, 아직 방향을 놓지 않았다는 뜻이다."

"지금 당장은 답을 몰라도, 계속 묻는 사람은 길을 찾는다."
"혼란은 나쁜 게 아니라 나를 다시 바라보게 만드는 기회다."
"지금은 정체된 것처럼 보여도, 마음은 아주 천천히 자라고 있다."

> **[팁(TIP)]**
>
> 마음이 불안하거나 흔들릴 때, 제일 마음에 와닿는 문장을 메모장에 적거나 눈에 잘 띄는 곳에 붙여보자. 그리고 하루 동안 그 문장을 곱씹으면서 '지금의 나'를 조금 더 다정하게 바라보는 연습을 해보자. 글로 써보는 것만으로도 마음 한가운데가 조금은 단단해질 수 있다. 꼭 누군가의 위로가 아니더라도, 한 문장이 마음을 붙잡아 주는 날이 있다.

◇ 잘하고 있어, 아직은 서툴 뿐

회사생활의 시작은 누구에게나 낯설고 어지럽다. 출근길의 긴장감, 낯선 자리에서 내 이름을 말하는 순간의 어색함, 메모지 한 장에 불안한 마음을 꾹꾹 눌러 담는 하루. 아무도 나를 정확히 알려주지 않지만, 모두가 뭔가를 잘 알고 있는 것 같은 분위기 속에서, 우리는 조용히 위축된다. '이게 맞는 걸까?', '왜 나만 이렇게 실수할까?', '다른 사람들은 괜찮은데, 나만 이토록 힘든 걸까?' 이런 생각들이 하루에도 몇 번씩 찾아와 마음을 눌러 앉힌다.

그럴 때 우리는 자꾸만 스스로를 자책한다. '나는 왜 이 정도도 못하지?', '나만 멈춰 있는 건 아닐까?' 하지만 그 불안은 잘못된 게 아니다.

오히려 '잘하고 싶다'는 간절한 마음이 있다는 증거다. 내가 지금 얼마나 진심으로 이 자리에 있으려 애쓰고 있는지를 보여주는 신호다. 실수는 내가 지금 이 자리를 살아가고 있다는 가장 선명한 증표다.

회사라는 공간은 종종 '속도'를 기준으로 사람을 평가하는 것처럼 보이지만, 정말 중요한 건 '방향'이다. 누가 더 빨리 익히느냐보다, 누가 더 오래, 자기답게, 단단하게 자리를 지켜가는지가 더 큰 힘이 된다. 하루에도 몇 번씩 흔들리면서도, 다시 돌아와 자리에 앉아있는 사람, 버겁고 서툴지만 멈추지 않는 사람이 결국 남는다. 그리고 그 사람은 언젠가 조직의 중심이 된다.

나는 나의 속도로 일하고 있다. 누구보다 빠르지는 않지만, 내가 납득할 수 있는 방식으로 천천히 성장하고 있다. 모르는 걸 부끄러워하지 않고, 물어보는 걸 두려워하지 않으며, 오늘보다 조금 더 단단해지기 위해 애쓰고 있다. 그 모습은 결코 미숙한 게 아니다. 오히려 진짜 성장이다. 중요한 건 속도가 아니라 그 과정에 내가 온전히 존재하고 있다는 사실이다.

누구도 처음부터 단단하지 않았다. 누구도 실수 없이 첫해를 보내지 않았다. 우리는 모두 서툴렀고, 지금도 때때로 서툴다. 하지만 그 서툶 속에서 조금씩 익숙해지고, 덜 흔들리며, 나만의 리듬을 만들어 간다. 실수해도 괜찮고, 불안해도 괜찮다. 중요한 건 멈추지 않고 있다는 사실이다.

지금 당신이 겪는 혼란은, 당신이 그만큼 진심으로 이 시간을 통과하고 있다는 증거다. 혼란은 내가 어디에 있고 싶은지를 되묻는 시간이고, 불안은 내가 가고 싶은 길에 아직 애착이 남아있다는 마음의 반응이다. 그러니 그런 감정들을 무시하거나 감추지 말자. 오히려 더 귀 기울이고, 조심스럽게 들여다보자. 그 안에 당신이 진짜 원하는 길의 실마리가 있다.

오늘 하루를 잘 버텼다는 사실 하나만으로도, 당신은 충분히 잘하고 있다. 결과가 완벽하지 않아도 괜찮고, 감정이 흔들렸어도 괜찮다. 중요한 건, 당신이 지금 여기서 포기하지 않고 있다는 사실이다. 회사생활이란 결국, 매일매일을 살아내는 사람의 이야기다.

조금 느려도 괜찮다. 익숙해지지 않아도 괜찮다. 오늘은 오늘의 속도로, 오늘의 감정으로, 오늘의 태도로 충분하다. 아직은 서툴 수 있다. 그렇지만 분명히 잘하고 있다. 서툴다는 건, 당신이 지금 이 순간을 진심으로 살아가고 있다는 뜻이다.

자기이해

2장

나를
이해하는 것부터
시작해

회사에 처음 적응할 때, 나는 모든 걸 외워야 하는 줄 알았다. 보고서를 쓰는 법, 회의에서 고개를 끄덕이는 타이밍, 상사의 농담에 맞장구치는 방법까지. 누군가는 내게 "회사생활은 사람 눈치 잘 보면 다 돼"라고 말했고, 나는 그 말대로 주변 사람들의 반응을 살피고, 말을 아끼며, 실수 없이 지나가려 애썼다. 그런데 시간이 지날수록 그 노력 속에서 정작 '나 자신'이 점점 사라져 가는 느낌을 받았다.

매일 사람들 사이에서 잘 어울리기 위해 스스로를 꾹 눌러 담는 일. 일이 익숙해질수록, 감정은 점점 무뎌지고, 어느 순간 내가 뭘 좋아하고, 어떤 방식이 편하고, 어떤 상황이 힘든지조차 구별하기 어려워졌다. 웃고는 있었지만, 마음속에선 늘 작은 소음이 흘렀다. '나는 왜 이렇게까지 눈치를 봐야 하지?', '내가 진짜 하고 싶은 말은 뭘까?', '나는 어떤 사람일까?'

회사에서의 성장은 어쩌면 성과보다 먼저, '나'를 알아가는 과정일지도 모른다. 타인을 배려하고, 분위기를 읽는 것도 중요하지만, 그보다 더 중요한 건 그 안에서 내 감정을 잃지 않는 일이다. 나도 모르게 스스로를 소외시키는 순간들이 쌓이면, 어느샌가 나는 나를 해석하지 못한 채, 남의 기대에만 반응하며 살아가게 된다.

처음 회사에 들어오면, 우리는 주변을 먼저 관찰한다. 누가 잘 나가는지, 누가 인정받는지, 어떤 말투와 표정이 '회사에 어울리는' 모습인지. 그렇게 타인의 기준에 맞춰 나를 맞추다 보면, 내가 진짜 어떤 사람인지 점점 흐릿해진다. 그러다 어느 날 문득, '나는 왜 이렇게 쉽게 위축되지?', '왜 작은 말에도 민감하게 반응하지?', '나는 왜 이 상황에서 불안해질까?' 그런 질문들이 조용히 밀려온다. 그때가 바로, 회사생활의 두 번째 시작이다. 타인을 이해하는 단계에서 '자기이해'로 넘어가는 지점.

이 장은 그 출발점에 서 있는 당신에게 보내는 이야기다. 이제는 남이 나를 어떻게 보는지보다, 내가 나를 어떻게 대하고 있는지를 돌아볼 때다. 감정이 무너지는 순간에도, 자존감이 흔들리는 순간에도, 다시 중심을 찾을 수 있는 힘은 결국 '나를 이해하는 감각'에서 나온다.

업무를 하다 보면 뜻하지 않게 마음이 흔들리는 순간들이 있다. 실수했을 때 상사가 짧게 한숨 쉬는 장면이, 아무 말도 아닌 것 같은 피드백이, 혹은 회식 자리에서 내가 소외된 느낌이 그렇게 오래 남을 수 있다. 그럴 때 우리는 겉으로는 웃지만 속으론 무너지기도 한다. 그런 순간이 반복되다 보면 '나는 왜 이렇게 약할까?'라는 자책이 생긴다. 하지만 그 감정은 약함이 아니라 내가 지금까지 나를 얼마나 애써 눌러왔는지를 보여주는 증거다.

진짜 강한 사람은 자신을 무시하는 사람이 아니라 자신을 세심하게 들여다보는 사람이다. 어떤 상황에서 내 감정이 쉽게 흔들리는지를 알고, 어떤 말에 민감하게 반응하는지를 인지하며, 때로는 스스로에게 '괜찮다'고 말해줄 수 있는 사람. 회사생활은 실수 없이 사는 게임이 아니라 내가 내 감정을 놓치지 않기 위한 훈련이다.

기억해야 할 건, 회사는 나를 비추는 가장 현실적인 거울이라는 사실이다. 상사의 말투에 반응하는 나, 동료의 말 한마디에 흔들리는 나, 성과 압박에 눌려 밤늦게까지 일하며 무기력해지는 나. 이 모든 장면들이 나의 감정 반응을 통해 '내가 어떤 사람인지'를 보여준다. 우리는 그 거울을 통해, 이전에는 알지 못했던 내 모습들을 하나씩 마주하게 된다.

'나는 왜 감정 기복이 심한 걸까?'라고 고민하는 사람도 많다. 하지만 그건 단지 기복이 아니라 지금까지 참고 있던 감정이 일정한 상황에서 반응하고 있는 것일 수 있다. 감정을 눌러두는 건 결코 해결책이 아니다. 오히려 그 감정을 말로 풀고, 나의 언어로 해석해 주는 연습이 필요하다. 감정은 억제하는 게 아니라 해석하고 돌보는 대상이다.

이 장에서는 다섯 가지 질문을 함께 던지려 한다.
왜 나는 '회사에서의 나'와 '진짜 나' 사이에서 갈등할까?
나는 왜 어떤 말에는 쉽게 위축되고, 어떤 상황에선 방어적이 될까?
나는 어떤 순간에 가장 많이 지치고, 무엇에서 위안을 받는가?
어떤 감정을 내가 자주 반복하고 있는가?
그리고 이 감정은 어떤 메시지를 내게 전달하려는 걸까?

이 질문들은 회사라는 공간에서 조금 더 단단한 나로 서기 위해 반드시 필요한 감정 셀프 리포트다. 정답은 없다. 다만 그 질문을 던지는 순간부터, 우리는 조금씩 흔들림이 덜한 나로 성장할 수 있다.

성장은 누군가를 뛰어넘는 일이 아니라 어제보다 내 감정을 조금 더 잘 다루는 일이다. 회사는 결국, 나를 시험하는 곳이 아니라 나를 훈련하는 곳이다. 감정과 피드백과 관계를 통해, 나는 조금씩 나를 익히고, 내 삶의 리듬을 되찾아 간다.

지금 내가 불안하고, 흔들리고, 자꾸만 나를 의심하게 되는 이유는 단 하나다. 나는 지금 진심으로 이 시간을 살아가고 있기 때문이다. 감정이 있다는 건 내가 대충 살고 있지 않다는 뜻이고, 고민이 많다는 건 내가 나를 진지하게 바라보고 있다는 증거다.

그러니 서두르지 말자. 나를 아는 데도 시간이 필요하다. 실수해도 괜찮고, 감정이 터져도 괜찮다. 지금 내가 하고 있는 모든 감정의 질문은 결국, 더 건강한 내가 되기 위한 준비다. 회사에서 오래 살아남는 사람은 결국, 자기감정을 놓치지 않는 사람이다. 그리고 그 출발은 여기서부터다. '타인을 이해하려는 노력'에서 '나를 이해하려는 연습'으로.

2-1. 회사는 나의 거울

회사는 거울이다. 처음엔 일이 전부인 줄 알았다. 보고서를 잘 쓰고, 마감을 맞추고, 실수 없이 하루를 보내는 것. 그게 회사생활의 전부라고 믿었다. 하지만 시간이 지날수록 알게 된다. 진짜 회사생활은 '일'보다 '사람', '성과'보다 '관계', 그리고 그 관계 속에서 끊임없이 흔들리는 감정으로부터 시작된다는 걸. 회사라는 공간은 그렇게 매일 나를 비춘다. 내가 어떤 사람인지, 어디에 민감한지, 무엇에 쉽게 지치는지를 고스란히 보여준다.

처음 회의에 들어갔을 때, 나는 생각보다 말이 적은 사람이었다. 머릿속에는 하고 싶은 말이 가득했지만, 입 밖으로 꺼내는 건 늘 망설임이 앞섰다. '혹시 어설프게 말하면 어쩌지?', '내 의견이 틀리면 어쩌지?', '사람들이 나를 이상하게 보진 않을까?' 그렇게 조심하다 보면 회의가 끝나고 나서야 '아까 이런 얘기를 해볼걸…' 하는 후회가 밀려온다. 그날 나는 불안을 느꼈고, 그것이 나의 감정 반응이라는 걸 회사라는 거울이 처음으로 깨닫게 해주었다. 그 이후로 나는 회사를 단지 일하는 곳이 아니라 매일 나의 감정을 비추는 진짜 거울로 보기 시작했다.

나라는 사람은 생각보다 복잡했다. 평소에는 쿨하다고 생각했는데,

사소한 피드백에도 마음이 무너졌고, 동료의 무심한 한마디에도 한참 동안 그 장면이 머릿속에서 반복됐다. 겉으론 괜찮은 척하면서도 속으로는 계속 곱씹고 있었다. 회사는 그런 나의 모습들을 드러나게 했다. 어떤 상황에서 유난히 위축되고, 어떤 분위기에서 불안해지고, 어떤 말에 감정이 휘청이는지. 그 안에서 나는 내가 누구인지, 어떤 성향을 지닌 사람인지, 어떤 상처를 안고 있는지를 서서히 깨달아 갔다.

회사생활은 실력을 키우는 훈련인 동시에 감정을 다루는 연습장이다. 어떤 말은 생각보다 오래 남고, 어떤 표정은 생각보다 크게 다가온다. 회의 중 날카로운 말투, 메신저의 짧은 답변, 회식 자리에서의 어색한 침묵. 이런 장면들은 단순한 사건이 아니라 감정으로 각인된다. '나는 왜 이 장면에서 불편했을까?', '왜 그 말에 그렇게 흔들렸을까?' 감정을 외면하면 상황이 반복되고, 감정을 바라보면 변화의 단서가 보인다.

기획팀에 있었던 민지는 회의만 하면 목소리가 작아졌다. 아이디어는 늘 좋았지만 말하는 순간이 되면 말끝이 흐려지고 자신감이 사라졌다. 어느 날 팀장이 조심스럽게 말했다. "민지 씨, 자신감을 좀 가져봐요. 좋은 생각인데, 왜 그렇게 조심스러워요?" 민지는 그 말을 듣고 밤새 잠을 이루지 못했다. 자신감이 없다는 평가가 아니라 스스로도 느끼고 있던 내면의 약점을 누군가에게 들킨 듯한 감정이 더 무거웠다. 그리고 그녀는 그때부터 '자신감'이라는 감정의 파동을 회사라는 거울을 통해 다시 보기 시작했다.

회사에서 내가 마주한 감정들은 실수보다 오래 기억에 남았다. 동료의 피드백보다 내 반응이 더 날카로웠고, 상황 자체보다 내가 그 상황을 어떻게 해석했느냐가 더 많은 영향을 끼쳤다. 조직은 매 순간 나에게 반응을 요구했고, 나는 그 속에서 끊임없이 나를 해석하고 재구성했다. '나는 왜 이 상황에서만 유난히 위축되는가?', '왜 똑같은 말을 들었는데 기분이 상했는가?', '내 감정은 정말 타인의 말 때문일까, 아니면 내 기대 때문일까?' 이런 질문들이 내 안에서 자주 떠올랐고, 그 질문들이 나를 바꾸는 출발점이 되었다.

회사라는 공간은 내가 누구인지 더 깊이 알아가는 실험실이기도 하다. 감정이 무너질 때마다 나는 새로운 나를 발견했다. 위로가 필요한 순간에 말 한마디가 마음을 다독였고, 평소라면 지나칠 피드백이 어떤 날은 유난히 날카롭게 박혔다. 그 이유를 찾는 과정은 내가 어떤 리듬을 가진 사람인지, 어떤 기대를 품고 사는지, 무엇에 진심으로 상처받는지를 정직하게 보여줬다.

조직은 결국 사람이 모인 공간이다. 그 안에서 가장 자주 마주하는 대상은 '일'이 아니라 '감정을 가진 나 자신'이다. 회사생활이 힘들게 느껴지는 이유는 일이 어려워서라기보다, 그 일을 하며 부딪히는 감정의 파도 때문이다. 그래서 회사생활에서의 회복력은 감정 관리에서 비롯된다. 감정을 다룬다는 건 억누른다는 게 아니다. 내가 왜 그 감정을 느꼈는지 해석하고 받아들이는 일이다. 그리고 그 감정의 언어를 이해하게 될 때, 우리는 조금 더 튼튼하게 조직 안에 자리 잡을 수 있다.

회사는 늘 나를 비춘다. 나는 그 거울 앞에 매일 선다. 내가 누구인지, 어떤 패턴을 반복하는지, 감정이 어떤 지점에서 흔들리는지를 더 잘 보기 위해. 이 절은 그런 나를 들여다보는 시작이다. 회사는 일만 하는 공간이 아니라 매일 나를 확인하는 공간이다. 그리고 그 확인이 쌓일수록 나는 더 나은 내가 되어간다.

감정이란 건 사실, 사건보다 해석에 더 가깝다. 같은 말을 듣고도 누군가는 가볍게 넘기고, 누군가는 며칠을 곱씹는다. 상사의 짧은 한마디, 동료의 무표정, 메신저의 생략된 말투, 모든 것이 때론 '의도된 공격'처럼 느껴지기도 한다. 하지만 감정이 흔들릴수록, 오해는 더 빠르게 자란다. 그리고 그 오해의 근원은 대부분 '표현'과 '수용' 사이의 거리에서 출발한다. 나는 그 상황을 어떻게 받아들였는가, 그 말의 출발점은 어디였는가를 묻기 전, 우리는 너무 자주 감정을 '사실'로 확정 짓는다.

그래서 때로는 이 질문이 필요하다.
"정말로 그 사람이 그런 뜻이었을까?"
"혹시 나의 해석이 너무 앞서 있었던 건 아닐까?"

◇ 대화가 어긋날 때 생기는 오해 지도

회사에서 생기는 갈등의 대부분은 성격 차이보다 표현의 방식 차이에서 시작된다. 같은 말을 듣고도 사람마다 전혀 다르게 받아들이는 이유는, 그 말의 의도와 해석 사이에 간극이 있기 때문이다.

특히 감정이 예민할수록, 그 간극은 빠르게 오해로 확장된다. 아래는 그 오해가 실제로 어떻게 작동하는지를 보여주는 예시들이다.

상황	내 생각	상대방의 의도	실제 오해
상사가 피드백을 줄 때	나를 싫어하나?	더 나은 결과를 위한 조언	자존심이 상하고 관계가 불편해짐
동료가 말을 자르며 끼어들 때	무시당했다.	자신의 의견을 놓치지 않으려는 조급함	감정의 골이 깊어지고 신뢰가 깨짐
회의 중 질문을 받을 때	나만 모르는 것 같아.	토론을 유도하려는 의도	위축되어 말수가 줄고 존재감이 희미해짐
메신저 답이 늦을 때	나를 무시하나?	바빠서 잠시 미뤄둔 것일 뿐	불필요한 감정 소모와 불신이 생김
농담처럼 들리는 지적을 들었을 때	나를 비꼬는 건가?	분위기를 부드럽게 풀려는 시도	비난으로 받아들여 마음이 닫힘

이처럼 오해는 대부분 아주 사소한 차이에서 시작된다. 조직이라는 공간에서는 의도를 직접 묻기보다는 추측으로 감정을 단정 짓는 경우가 많다. 그리고 그 추측은 종종, 나의 감정 상태에 따라 훨씬 왜곡된다. 나를 향한 말이라 여겼지만 사실은 업무의 흐름을 위한 것이었고, 무시하는 듯한 말투 같았지만 실은 성향의 차이였을 수도 있다.

결국 중요한 건, 감정이 올라올수록 그 말의 출발점이 무엇이었을까를 한 번 더 들여다보는 힘이다. 어쩌면 상대는 나를 깎아내리려는 것이 아니라 표현의 언어가 서툴렀던 것일지도 모른다. 나쁜 마음이 있어서가 아니라 방식이 달랐을 뿐일 수도 있다. 내가 느낀 감정은 분명한 사실이지만, 그 감정을 '사실로 확정하기 전'의 한 걸음이, 바로 관계의 균열을 막고 나를 지키는 진짜 성장이다.

2-2. 성격이 아닌 표현의 문제

회사에서 관계가 꼬일 때, 우리는 종종 이렇게 말하곤 한다. "그 사람은 성격이 너무 강해", "나는 원래 낯가림이 심해서 그래요." 갈등이 생기면 성격 탓을 한다. 하지만 조금 더 들여다보면, 진짜 원인은 '성격'이 아니라 '표현의 방식'에서 비롯되는 경우가 훨씬 많다. 사람들은 서로 너무 다른 방식으로 말하고, 듣고, 반응한다. 그리고 그 다름이 오해를 만들고, 오해는 감정을 흔들고, 결국 관계를 멀어지게 만든다.

처음 입사했을 때, 나는 동기들과 친해지고 싶어서 말을 조심히 건넸다. 그런데 일부 동료들이 내 말을 너무 짧게 끊고, 건성으로 대답했다. 나는 속으로 생각했다. '나를 별로 안 좋아하나?', '말을 걸지 말라는 건가?' 그런 불편함이 쌓이며 나는 점점 말을 줄였고, 인사는 해도 눈을 피했다.

그런데 나중에 알게 됐다. 그들은 원래 감정을 얼굴에 잘 드러내지 않는 사람들이었고, 나를 싫어한 게 아니라 그냥 익숙하지 않아서 그랬던 것뿐이었다. 나는 그들의 '성격'을 오해했고, 그들은 나의 '거리두기'를 불편해했을지도 모른다. 우리가 어긋났던 건 감정이 아니라 표현의 차이였다.

표현의 방식은 생각보다 사람마다 다르다. 누군가는 말이 빠르고 직접적인 것을 편하게 여기고, 누군가는 돌려 말하고 여지를 두는 걸 선호한다. 누군가는 눈을 마주치며 대화하는 걸 중요하게 생각하고, 누군가는 시선을 마주치는 걸 부담스러워한다. 이런 차이는 그 자체로 문제가 되지 않는다. 문제는 그 차이를 '성격'으로 단정하고, '의도'로 오해하면서 생긴다. 표현 방식은 성격이 아니라 습관이다. 습관은 익힐 수 있고, 조율할 수 있다. 표현은 결국 기술이다.

기억에 남는 한 동료가 있었다. 회의 시간마다 내 의견을 자주 끊는 사람이었고, 나는 그게 불쾌했다. '왜 내 말을 무시하지?'라는 생각이 들었고, 언젠가는 회의 도중 감정을 숨기지 못하고 불편한 기색을 드러낸 적도 있다.

그런데 그 동료가 퇴근 후 나에게 말을 걸었다. "혹시 회의 때 내가 끼어들어서 기분 나빴어요? 제가 말이 좀 빠른 편이라 그런 건데, 무례하게 들렸다면 미안해요." 그 순간, 나는 멈췄다. 나 역시 그 사람을 오해했다는 걸 깨달았고, 이후 우리는 말하는 순서를 자연스럽게 조율하게 되었다. 갈등은 의도보다 표현 방식에서 시작되었고, 그 표현을 한 번 확인하는 대화가 갈등을 풀어줬다.

표현을 다룬다는 건 단지 말투를 다듬는 문제가 아니다. 그것은 내가 관계에서 어떤 언어를 쓰고 있는지, 어떤 방식으로 감정을 전달하고 있는지를 돌아보는 일이다. 말은 관계의 유일한 다리이자, 감정의 전달자다. 말의 순서, 말의 강도, 말의 여백. 이 모든 것이 나를 설명한다. 그리고 내가 어떤 표현을 쓸지 선택하는 순간, 나는 '상대가 나를 어떻게 느낄지'를 함께 결정하게 된다.

회사에서는 특히 표현의 기술이 중요하다. 우리는 감정을 직설적으로 말하기 어려운 상황에 자주 놓인다. 기분이 상해도 내색할 수 없고, 실망했어도 건조하게 넘겨야 할 때가 많다. 그런 상황일수록 표현의 여백이 중요해진다.

"저는 이 부분이 조금 어렵게 느껴졌어요", "혹시 다른 방향도 생각해 볼 수 있을까요?" 단지 말투 하나 바꿨을 뿐인데, 듣는 사람은 전혀 다르게 받아들인다. 같은 말도 표현이 다르면 결과는 정반대가 된다.

물론 표현이 항상 '부드럽기만' 해야 한다는 뜻은 아니다. 진심은 때로 직선으로 전달되어야 한다. 다만, 그 직선이 날카로움이 아닌 명확함으로 다가갈 수 있도록 표현을 조절할 줄 아는 것. 그게 관계를 해치지 않고 의견을 전하는 방법이다.

표현의 방식은 연습할 수 있다. 말하는 속도를 조절하고, 듣는 태도를 바꾸고, 감정을 말로 옮기는 연습을 하다 보면 어느 순간 나도 모르게 내 말이 달라진다. 그리고 그 말은 나의 인상을 바꾸고, 나에 대한 기억을 만든다. 회사생활은 결국 '일'보다 '사람'과 오래 일하는 기술을 익히는 과정이다. 그 기술의 중심에는 언제나 표현이 있다.

우리는 종종 "나는 원래 이런 사람이야"라고 말하며 자신의 말투나 태도를 고치려 하지 않는다. 하지만 표현은 성격이 아니라 선택이다. 그리고 그 선택은 관계를 지키는 방향이 될 수도 있고, 감정을 해치는 무기가 될 수도 있다. 나의 말이 상대에게 어떤 감정으로 닿는지를 고민하는 것. 그것이 바로 조직 안에서 관계를 지켜내는 가장 섬세한 태도다.

이 절에서 말하고 싶은 건 단순하다. 사람 사이의 많은 문제는 '성격'이 아니라 '표현의 기술'에서 시작된다. 그리고 그 기술은 연습할 수 있다. 표현은 말투고, 말투는 습관이고, 습관은 바꿀 수 있는 것이다. 내가 어떤 말로 관계를 맺고 있는지를 돌아보는 순간, 우리는 지금보다 훨씬 더 좋은 대화를 만들 수 있다.

◇ 갈등, 방식의 차이 분석표

회사에서 부딪히는 많은 갈등을 우리는 '성격 차이'로 받아들인다. "나는 말을 돌려서 하는 편인데, 저 사람은 너무 직설적이야", "나는 좀 느긋하게 일하는데, 왜 자꾸 조급하게 몰아붙이지?" 그렇게 우리는 서로 다른 사람이라는 이유로 쉽게 거리를 만든다. 그런데 정말 문제는 '성격'일까?

사실 더 정확하게 말하자면, 갈등의 시작은 성격 자체가 아니라 '표현과 소통 방식의 차이'에서 비롯되는 경우가 많다. 같은 상황에서도 누군가는 직진하고, 누군가는 돌아가며, 누군가는 바로 말하고, 누군가는 시간을 둔다. 그리고 그 다름이 오해를 낳고, 오해가 감정을 만든다. 감정은 다시 관계를 흔든다. 그러니 우리가 알아야 할 건 상대의 '성격'이 아니라 '일하는 방식'과 '소통 스타일'이다.

아래는 조직 안에서 자주 충돌을 일으키는 대표적인 방식 차이를 정리한 표다. 어느 쪽이 맞고 틀린 게 아니다. 단지 서로가 '다른 언어'를 쓰고 있었음을, 그동안 서로 모르고 지냈다는 걸 깨닫는 것이 중요하다.

항목	A 유형	B 유형	충돌 포인트
의사소통 스타일	직설적으로 말함	완곡하고 조심스러움	직설을 공격으로 오해하거나, 완곡함을 비효율로 판단
업무 진행 속도	빠르게 실행하고 바로 추진	충분한 검토 후 계획적으로 움직임	성급함 vs. 느림으로 비춰져 불만이 쌓임
피드백 반응	즉각 반응하고 수정	생각할 시간을 가지고 천천히 반영	무시당했다 vs. 답답하다
갈등 대처 방식	감정을 바로 꺼내 해결하고 싶어 함	감정을 가라앉힌 후 거리 두고 접근	말 안 하면 몰라 vs. 왜 갑자기 그래
관계 유지 방식	자주 이야기하며 직접 소통	조심스럽고 간접적인 연결 유지	자주 다가오는 걸 부담스러워하거나, 반대로 거리감을 오해

이 표는 한쪽이 더 낫거나 성숙하다는 걸 말하려는 게 아니다. 오히려 이처럼 '다른 방식'이 존재한다는 걸 인식하는 순간, 우리는 갈등을 다르게 보기 시작한다. '왜 저 사람이 나한테 그렇게 말했지?'라는 질문

대신, '그 사람은 저게 편한 방식이었구나'라고 이해하게 된다. 오해가 생길 때마다 우리는 감정을 근거로 확신하려 들지만, 그 감정은 종종 방식의 차이에서 비롯된 왜곡일 수 있다.

갈등을 성격으로 해석하면 사람 자체가 부담스러워진다. 반면 갈등을 '구조의 문제', '습관의 차이'로 바라보면 대화가 가능해진다. '우리는 그냥 다르게 말하는구나.' 그걸 인식하는 순간 감정은 가라앉고, 대화는 열리기 시작한다. 회사는 다양한 사람들이 함께 일하는 곳이고, 그만큼 다양한 '일과 감정의 문법'이 존재한다. 내가 편하다고 여겼던 방식이 누군가에겐 부담일 수 있고, 익숙한 소통이 누군가에겐 낯설게 느껴질 수 있다.

중요한 건, 상대가 왜 그렇게 행동했는지를 묻기 전에 '나는 어떤 기준으로 판단하고 있었는지'를 먼저 돌아보는 태도다. 내 언어는 모두에게 통하지 않는다는 걸 인정하는 순간, 우리는 비로소 타인을 이해할 수 있는 준비가 된다. 갈등은 틀려서가 아니라 다르다는 걸 몰라서 생긴다. 다름을 인식하면, 갈등의 절반은 이미 풀린 셈이다.

2-3. 나답게 일하기

회사에 들어오면 우리는 자연스럽게 조직의 방식에 적응해야 한다는 압박을 받는다. 아침 인사는 어떻게 해야 하는지, 회의 시간에는 어떤 말을 해야 하고 언제 침묵해야 하는지, 보고서는 어떤 톤과 문장으로 써야 '적절하다'는 평가를 받을 수 있는지. 그런 흐름 속에서 나는 점점 나다운 방식으로 일하는 것이 어려워졌다는 것을 느낀다.

나는 원래 일을 빨리 끝내야 마음이 놓이는 성격이다. 계획을 세우고, 그 안에서 움직이며 예측 가능한 흐름을 선호한다. 그런데 지금 내 팀은 매일 매일 상황이 바뀌고, 누군가는 내 계획과 상관없이 움직이며, 누군가는 필요한 업무를 느리게 처리한다. 처음에는 답답했다. 내가 잘못된 건가 싶었고, 내 스타일이 조직에 어울리지 않는다고 느꼈다. 그래서 점점 나의 리듬을 줄이고, 다른 사람들의 속도에 억지로 나를 맞춰가기 시작했다.

그런데 어느 순간부터 이상한 피로감이 밀려왔다. 퇴근 후에도 지쳐 있었고, 나만 뒤처지는 것 같은 자책감이 들기도 했다. 생각해 보니 일 자체보다도 '내가 아닌 방식으로 일하는 것'이 나를 가장 힘들게 했다. 나는 지금 일을 하는 게 아니라 누군가처럼 보이기 위해 연기하고 있었던 것이다.

문제는 내 성격이나 스타일이 아니라 조직 안에서 '나다움을 유지하는 법'을 아직 배우지 못했다는 것이다. 우리는 나답게 일하면 이기적이라는 말을 듣고, 조직에 맞추면 무색해지는 자신을 경험한다. 이 모순된 감정 속에서 우리는 자주 혼란스러워진다. 과연 나답게 일한다는 것은 무엇일까? 내 방식과 조직의 흐름이 충돌할 때, 나는 무엇을 기준 삼아 움직여야 할까?

나다움이란 고집과는 다르다. 나의 방식을 고수하면서도, 주변과 조화를 만들어 갈 수 있는 태도다. 조직에선 혼자만의 방식으로는 오래 살아남기 어렵다. 그러나 그렇다고 해서 내가 가진 감각과 리듬을 완전히 포기해서도 안 된다. 중요한 것은 내 방식의 '표현'과 '조율'이다. 즉, 나만의 일 처리 방식이 있다는 것을 부드럽게 드러내고, 그것이 조직과 어떻게 어우러질 수 있을지를 함께 만들어 가는 것이다.

예를 들어, 나는 빠른 일정 진행을 선호하지만, 함께 일하는 동료가 신중함을 중요시할 때 그 차이를 대립이 아니라 '보완'으로 바꾸는 시도가 필요하다. 나는 빠르고, 너는 느리고, 누가 옳고 그르다는 문제가 아니라 그 두 속도가 만났을 때 더 좋은 타이밍이 나올 수 있다는 믿음이 조직의 연결을 만든다.

나답게 일하기 위해서는 먼저 내가 어떤 리듬을 가진 사람인지 인식하는 것이 필요하다. '나는 어떤 순간에 몰입하는가?', '나는 혼자 일할 때 더 힘이 나는가, 함께일 때 더 아이디어가 떠오르는가?', '나는 피드백을 어떻게 받아들이며, 감정이 흔들릴 때 어떤 방식으로 회복하는가?' 이런 질문들은 조직 안에서 내 자리를 만들기 위한 시작점이 된다.

우리는 흔히 "조직에 맞추라"는 말을 듣는다. 하지만 조직이란 결국 수많은 '개인'이 만든 공간이고, 그 개인이 자기감정과 리듬을 인정받을 때 더 건강한 집단이 된다. 따라서 나답게 일하는 사람은 이기적인 사람이 아니라 자기이해와 자기조절을 통해 조직과 건강하게 연결된 사람이다.

나다움은 감정을 감추지 않는 것에서 시작된다. 일이 너무 무겁게 느껴질 때, 이유 없이 위축될 때, 나의 감정이 어떤 신호를 보내고 있는지 스스로 들여다볼 줄 아는 것. 감정은 나를 해치는 것이 아니라 나다움을 지켜주는 가장 강력한 안내자다. '지금 나는 어떤 방식으로 힘들어하고 있는가?', '이 일 처리 방식이 나에게 어떤 감정적 무리를 주는가?', 이런 질문들을 스스로에게 던져보는 사람이 감정에 휘둘리지 않고 감정을 길들이는 법을 배운다.

나는 일을 통해 성과도 내야 하지만, 그보다 더 오래가는 것은 '내가 어떤 모습으로 그 일을 해왔는가'이다. 진심 없이 따라간 일은 흔적이 남지 않지만, 내가 나로서 머문 시간은 관계에도, 조직에도 오래 남는다. 회사는 성과로 움직이지만, 사람은 감정으로 연결된다. 내가 나답게 일한다는 건, 단지 자유롭게 행동하겠다는 말이 아니라 내 감정과 생각을 존중하는 태도로 일에 임하겠다는 뜻이다.

그리고 그 태도는 언젠가 조직에서도 감지된다. 누군가는 말없이 나를 보며 배울 것이고, 누군가는 내가 만든 공간을 통해 자신의 속도를 되찾을 것이다. 나답게 일한다는 건 나 하나만을 위한 일이 아니다. 그것은 조직 안에 다양성과 여유를 만들어가는 중요한 시작점이다. 내가 무표정한 조직에 온기를 주는 사람이고, 예민한 조직에 유연함을 더하는 사람이며, 빠르기만 한 흐름 속에 멈춤을 허락하는 사람이라면, 나는 이미 나답게 일하고 있는 것이다.

회사는 내 개성을 감추는 공간이 아니라 내 개성이 조화롭게 반영되어야 할 공간이다. 나는 나답게 일함으로써, 단순히 성과를 내는 것 이상으로 조직에 '온도'를 남긴다. 그 온도는 숫자로 측정되지 않지만, 함께 일했던 사람들의 기억에 오래 남는다. 그리고 그것이 결국 내가 조직 안에서 오래 머물 수 있는 힘이 된다.

지금의 나는 예전처럼 혼자만의 속도를 고집하지도 않고, 그렇다고 모든 흐름에 나를 희생하지도 않는다. 나는 조율하고, 타협하고, 때로는 내 속도를 양보하면서도 나다움을 놓치지 않는다. 그것이야말로 내가 배운 회사생활의 진짜 기술이다.

◇ 일머리 자가 진단 체크리스트

질문	선택지
1. 나는 일의 전체 그림을 먼저 그려야 집중이 되는가, 아니면 눈앞의 일부터 하나씩 해결해 가며 방향을 잡는가?	[ ] 전체 그림부터 [ ] 하나씩 해결하며
2. 빠르게 피드백을 주고받는 환경에서 에너지가 올라오는가, 아니면 충분한 시간과 몰입이 있을 때 집중력이 살아나는가?	[ ] 빠른 피드백 [ ] 깊은 몰입
3. 다양한 업무를 동시에 진행할 때 능률이 오르는가, 아니면 한 가지 업무에 깊게 몰두하는 것이 더 익숙한가?	[ ] 멀티태스킹 [ ] 깊은 몰입
4. 타인의 기대와 시선을 많이 의식하는 편인가, 아니면 나만의 기준과 루틴에 따라 일하는 편인가?	[ ] 기대 의식 [ ] 나만의 루틴
5. 자료를 정리하고 구조화하는 데 강점이 있는가, 아니면 아이디어를 자유롭게 떠올리고 확장하는 데 장점이 있는가?	[ ] 정리와 구조화 [ ] 자유로운 아이디어
6. 마감이 임박해야 집중력이 발휘되는가, 아니면 충분한 여유가 있어야 능률이 나는가?	[ ] 마감 직전 집중 [ ] 여유 있는 진행
7. 새로운 환경과 예측 불가한 상황에 더 에너지를 받는가, 아니면 익숙한 패턴과 안정감 있는 루틴 속에서 더 잘하는가?	[ ] 새로움 선호 [ ] 안정감 선호
8. 혼자 일할 때 집중이 잘 되는가, 아니면 다른 사람들과 소통하며 협업하는 환경에서 성과가 더 나는가?	[ ] 혼자 집중 [ ] 협업 선호

〚 팁(TIP) 〛

체크리스트에 답하면서, '나는 어떤 흐름에서 더 집중하는 사람인가'를 찾아본다. 남들이 추천하는 '일 잘하는 법' 대신, 내 리듬과 방식에 맞는 일 전략을 세운다. 일머리는 잘하느냐의 문제가 아니라 어떻게 일하느냐의 문제라는 걸 기억한다. 나를 흉내 내는 사람이 아니라 나다운 방식으로 성과를 만드는 사람. 그게 진짜 '일머리가 있는 사람'이다.

2-4. 무너져도 다시 서는 힘

회사생활을 하다 보면 누구나 한 번쯤은 '무너지는 순간'을 경험한다. 기대에 못 미치는 평가, 모두가 지켜보는 회의에서의 실수, 중요한 업무에서의 오해와 충돌. 그 순간은 생각보다 갑작스럽게 찾아오고, 정신적으로 큰 충격을 남긴다. 머리로는 '그럴 수도 있지'라고 생각하려 해도, 마음은 이미 멍해진 상태로 스스로를 몰아붙이기 시작한다.

'나는 왜 그랬을까?', '내가 진짜 이 일을 해도 되는 사람일까?', '이제 다 끝난 건 아닐까?' 자책과 불안이 교차하고, 그 감정은 다음 날까지, 때로는 몇 주까지도 따라다닌다. 아무 일도 없었다는 듯 행동하려 애쓰지만, 속은 이미 망가진 채로 복구되지 않은 불편한 감정들만 계속해서 남는다.

우리는 그런 순간을 '나약함'이라고 느낀다. 강한 사람은 흔들리지 않는다고 믿는다. 하지만 실은 흔들림을 경험하지 않는 사람이 강한 게 아니라 그 흔들림에서 다시 회복할 수 있는 사람, 그 무너진 순간을 견뎌내며 다시 자기 자리를 회복할 줄 아는 사람이 진짜 강한 사람이다.

회복탄력성이라는 말은 단지 심리학적인 용어가 아니다. 그것은 우리 모두가 회사라는 낯선 세계에서 살아남기 위해 반드시 갖춰야 할 정서적 기술이며, 매일의 감정 근육이다. 우리는 회사에서 실수를 두려워하고, 실패를 감추려 한다. 그러나 회복은 숨는 것이 아니라 나의 무너짐을 인정하는 것에서 시작된다.

회사 안에서 나는 완벽할 수 없다. 나는 실수도 하고, 상사와의 호흡이 맞지 않을 때도 있고, 팀의 속도에 따라가지 못해 초조해질 때도 있다. 중요한 건 이 모든 감정을 '비정상'으로 여기지 않는 것이다.

감정이 무너지는 순간은 실패가 아니라 변화의 전조이다. 그 감정을 외면하지 않고, 있는 그대로 받아들이는 연습을 해야 한다. '나는 지금 흔들리고 있다', '이 감정은 내가 놓치고 싶지 않은 가치가 있다는 신호다.' 그렇게 감정을 감지하고 이름 붙이는 순간부터 회복은 시작된다.

나의 회복력은 내가 만들어 간다. 회복은 누군가가 대신해 주는 일이 아니라 나만이 할 수 있는 나를 위한 일이다. 그 출발은 일상에서의 작은 루틴이다.

무너진 날, 나는 아무 말 없이 음악을 틀어놓고 창밖을 바라보기도 하고, 누군가에게 별 의미 없는 이야기라도 한 줄 메시지를 보내며 감정을 흘려보내기도 한다. 나를 다시 일으키는 건 대단한 계기가 아니라 그런 작고 단순한 행동들이다.

회사생활은 내가 예상하지 못한 상황을 매일 만들어 낸다. 실수는 반복되고, 피드백은 날카롭고, 성과는 예측할 수 없을 만큼 변덕스럽다.

그런 세계에서 나를 지키기 위해 필요한 건 '일희일비하지 않는 감정의 중심'이다. 처음엔 피드백 하나에도 깊이 상처받았다. 하지만 반복되는 실망과 긴장 속에서 나는 조금씩 감정의 반응을 관리하는 법을 배워갔다.

상사의 말에 즉각 반응하기보다, '지금 내가 느끼는 감정은 무엇이지?'라고 한 번 멈춰보는 것. 실수 이후 바로 자책하지 않고, '그 순간 나는 왜 그렇게 반응했을까?'라고 되짚어 보는 것. 이런 질문을 스스로에게 던질 수 있을 때, 나는 감정의 파도에 휩쓸리지 않고 파도를 타는 법을 배우기 시작했다.

무너진 날엔 스스로에게 말해주어야 한다. "오늘은 조금 무너져도 괜찮아. 중요한 건 다시 일어서는 거니까." 나는 지금 버텨내고 있고, 그 자체로 이미 성장 중이라는 사실을 잊지 말자. 누군가의 인정보다 중요한 건 나 자신과의 신뢰다. 내가 나에게 실망하지 않는 법을 배워야 한다. 실망은 해도, 포기하지 않는 법을 배우는 것. 그것이야말로 회사생활에서 나를 지켜내는 가장 단단한 무기다.

나는 앞으로도 실수할 것이다. 누군가에게 오해를 받을 수도 있고, 어떤 날은 아무 이유 없이 눈물이 날 수도 있다. 하지만 그 모든 날들이 내가 더 단단해지고 있다는 증거다. 나는 매일의 감정 속에서 흔들리고 있지만, 동시에 그 흔들림을 통해 내 안의 탄력성을 키워가고 있다. 무너진다는 건 다시 서기 위한 준비 과정이다. 무너짐은 끝이 아니라 새로운 시작을 위한 숨 고르기다.

지금 내가 서툴고 불안하고 두려운 것은 당연하다. 중요한 건 그 속에서도 다시 나를 일으켜 세우는 힘을 잃지 않는 것이다. 회복은 거창한 게 아니다. 오늘 하루를 무사히 잘 넘기고, 내일 다시 그 자리에 앉아 일을 시작하는 것. 그 하루하루가 쌓여서, 나는 나를 지탱하는 감정의 구조물을 만들어 간다. 그리고 그 구조물은 실수와 불안을 경험할수록 더 견고해진다.

실수는 나를 무너뜨리는 것이 아니라 나를 다시 만드는 과정이다. 상처는 나를 약하게 만드는 것이 아니라 나의 감정 회로를 더 깊고 단단하게 만든다. 나는 오늘도 흔들렸지만, 그 흔들림 속에서 다시 중심을 찾고 있다. 그리고 그 중심은 점점 나만의 회복력으로 굳어지고 있다. 이제 나는 알고 있다. 완벽하지 않아도, 실패해도, 나는 다시 일어설 수 있다는 것을.

◇ 감정 회복을 돕는 3단계 복원 루틴

감정 회복은 하루아침에 이루어지지 않는다. 어떤 마음의 상처도, 어떤 무너짐도 단번에 아물지는 않는다. 대신, 무너졌을 때 다시 일어설 수 있도록 돕는 작고 단단한 습관이 있다.

지금 마음이 무너졌다고 느껴진다면, 조급해하지 말고 아래의 세 가지 단계를 천천히 따라가 보자. 회복은 빠른 사람이 이기는 경주가 아니라 끝까지 자기 자신을 포기하지 않는 사람의 긴 여정이니까.

1단계: 감정을 이름 붙이고 받아들이기

'지금 나는 지쳤어', '괜히 억울하고 화가 나', '외로워서 견디기 힘들어.' 이처럼 감정을 애매하게 두지 않고, 정확한 언어로 붙잡는 것. 이것이 회복의 첫걸음이다. 감정을 숨기면 흐릿해진다. 흐릿해진 감정은 오히려 더 오래 우리를 짓누른다. 무엇을 느끼는지 모른 채 넘어가면, 그 감정은 몸과 마음 깊숙이 침잠해 예기치 않은 순간에 터져버린다.

감정에 이름을 붙이는 순간, 우리는 그것을 객관적으로 바라볼 수 있게 된다. 감정은 사라지길 기다리는 게 아니라 존재를 인정하는 것에서부터 흐르기 시작한다.

예를 들어, '오늘 팀장님 말에 서운했다', '회의 중에 내 아이디어가 무시당한 느낌이 들었다', '아무도 나를 이해하지 않는 것 같아 외로웠다'처럼 간단히 표현해도 좋다. 작은 한마디라도 괜찮다. 감정을 숨기지 말고, 소리내어 부르거나 조용히 써보자. '오늘은 많이 힘들었어'라고 표현하는 순간, 마음의 긴장이 살짝 풀리기 시작할 것이다.

2단계: 하루에 하나씩 마음 덜어내기

하루가 끝나는 시간, 짧게라도 오늘을 돌아보자. '오늘 나를 가장 지치게 만든 순간은 무엇이었지?', '나를 가장 웃게 한 순간은 언제였을까?' 누구에게 털어놓지 않아도 좋다. 내 마음 안에서 나에게만 솔직하면 충분하다. 메모장 한 줄, 휴대폰 메모, 아니면 마음속 속삭임이라도 괜찮다. 감정을 억지로 없애려 하지 말고, 하나씩 꺼내어 정리해 보는 것이다.

예를 들면, '회의 중 지적받은 순간이 계속 마음에 남는다', '점심시간에 동료가 건넨 농담에 웃을 수 있어서 다행이었다', '오늘은 말수가 줄었는데, 아마 긴장 때문이었을 거야'처럼 기록해 볼 수 있다. 감정을 들여다보는 이 작은 루틴은 마음의 숨구멍을 열어준다.

하루를 그냥 지나치지 않고, 한 번이라도 '나'를 바라봐 주는 것. 그것만으로도 무너진 마음은 조금씩 방향을 찾기 시작한다.

3단계: 회복을 위한 작지만 꾸준한 루틴 만들기

회복은 '대단한 변화'로 오는 게 아니다. 오히려 아주 작은, 나만의 따뜻한 습관 속에서 시작된다. 가볍게 산책하기, 좋아하는 노래 한 곡 듣기, 짧게라도 일기 쓰기, 혼자만의 조용한 커피 타임 갖기, 아침 햇살을 몇 분이라도 얼굴에 쬐기. 이런 소소한 루틴은 우리를 다시 일으켜 세우는 심리적 버팀목이 된다.

예를 들어, 매일 아침 '오늘 가장 소중히 하고 싶은 감정은 무엇일까?' 질문해 보기, 하루 끝에 '오늘 하루도 잘 버텼다'고 스스로 칭찬하기, 주말에 30분 만이라도 '하고 싶은 일'을 위해 시간 쓰기 등이 있다. 이런 루틴은 결과를 내기 위한 수단이 아니다. 그저 '나'를 위해 존재하는 시간이다. 루틴이 거창할 필요는 없다. 중요한 건, 나를 지키는 하나의 약속처럼 꾸준히 이어가는 것이다.

기억하자. 무너지지 않는 사람이 강한 게 아니다. 무너졌을 때, 자기 자신을 다시 부드럽게 일으킬 수 있는 사람이 강하다.

감정의 회복은 참아내는 데서 시작되지 않는다. 이해하고, 들여다보고, 다정하게 어루만지는 데서 시작된다. 오늘, 내 마음이 많이 흔들렸다면 이 작은 복원 루틴을 천천히 따라가자. 조금씩, 아주 조금씩, 나는 다시 내 중심을 찾아갈 수 있을 것이다.

2-5. 감정이 버팀목이다

회사생활을 하면서 처음 마주한 감정은 '불편함'이었다. 누군가의 말투, 팀장의 무표정, 예고 없이 날아든 피드백. 어떤 감정은 당황스럽고, 어떤 감정은 억울하고, 또 어떤 감정은 이유 없이 서글펐다. 나는 처음엔 그 감정들이 나를 약하게 만든다고 생각했다. '나는 왜 이렇게 감정 기복이 심할까?', '이런 생각을 하는 내가 너무 예민한 건 아닐까?' 자책이 뒤따랐고, 감정을 들키면 안 된다는 생각에 억누르기 바빴다.

하지만 시간이 흐를수록 깨달았다. 감정은 결코 약점이 아니다. 오히려 감정은 나를 일으켜 세우는 가장 현실적인 신호다. 그리고 그 감정을 '잘 다루는 능력'은 실력보다 더 오래 나를 지켜주는 힘이 된다. 감정을 억제하는 것이 아니라 그 감정의 흐름을 읽고 돌보는 것이야말로 직장 내 회복력을 만들어 가는 출발점이다.

감정을 다룬다는 건 단순히 참고 견디는 것이 아니다. 그것은 마치 운동처럼, 작고 구체적인 반복 훈련을 통해 조금씩 길러지는 능력이다. 여기서 핵심은 '루틴'이다. 감정 루틴이란 감정이 무너질 때마다 다시 중심을 찾는 나만의 감정 회복 공식이다. 이 루틴은 거창할 필요가 없다. 가벼운 산책, 짧은 음악 감상, 3줄 일기 쓰기, 따뜻한 물 한 잔 마시기 같은 일상 속 작은 습관이 그 시작이다.

중요한 건 그 루틴을 매일 반복하며, '나는 지금 어떤 감정을 느끼고 있는가'를 스스로에게 묻는 것이다. 감정은 흐르게 하면 흘러가지만, 눌러두면 곧 감정을 지닌 나 자신이 무너지기 시작한다. 감정이 올라올 때, 우리는 이렇게 질문해야 한다.

'나는 왜 지금 이 말에 상처받았을까?'
'이 상황은 정말 나를 부정한 걸까, 아니면 내가 그렇게 느낀 걸까?'
'내가 기대한 건 무엇이고, 그 기대는 현실적인가?'

이런 질문은 감정을 조정하려는 '인지적 해석'이며, 이는 감정을 흘려보내는 기술이자 태도다.

사람들은 종종 "일은 잘하는데 감정 기복이 심해"라는 평가를 듣는다. 그 말이 무서워 우리는 감정을 감추려 한다. 하지만 감정을 숨긴다고 사라지지는 않는다. 억눌린 감정은 언젠가 비합리적인 방식으로 터지고 만다.

하루 중 가장 무기력했던 순간, 이유 없이 눈물이 났던 그 날, 작은 피드백에 마음이 꺾였던 경험. 그 모든 장면은 감정의 '예고 신호'였다. 우리는 그 감정을 방치하거나 무시하지 않고, 매일 5분 만이라도 진심으로 이렇게 말해줄 수 있어야 한다. '지금 이 감정은 나에게 무엇을 말하려 하는 걸까?'

감정을 다룬다는 것은 감정을 무력화하는 것이 아니다. 오히려 감정을 언어화하고, 이해하고, 해석하는 과정이다. 감정은 나의 욕구, 나의 바람, 나의 불안을 가리키는 매우 정직한 안내자다. 그러니 감정을 감추려 하기보다, 그 감정에 말 걸고 묻는 연습이 필요하다.

수민은 회계팀에 입사한 지 2년 차. 업무는 정시제출형으로 정확하지만, 피드백에 지나치게 민감하다는 평가를 받곤 했다. "이건 좀 다시 해봐요"라는 말에도 표정이 굳었고, 오후 내내 의욕이 떨어지곤 했다. 그녀는 스스로를 자책하곤 했다. '나는 왜 이렇게 작은 말에도 흔들릴까?', '감정을 드러내면 안 되는데…'

그녀는 결국 상담 코칭을 신청했고, 거기서 들은 말 하나에 삶의 관점이 바뀌었다. "감정을 누르는 게 아니라 감정이 올라올 때 어떻게 나를 안아줄 수 있을지를 연습해 보세요." 이후 수민은 다음과 같은 작은 루틴을 만들었다.

- 출근 전, '오늘 내가 보호하고 싶은 감정은 무엇인가'를 스스로에게 묻기
- 점심시간엔 10분간 산책하며 음악 듣기
- 피드백을 받은 날엔 퇴근 전 3줄 일기로 감정 정리하기
- 월요일마다 '기분지수' 색깔로 한 주 감정 체크하기

놀랍게도 이 작은 감정 루틴은 그녀의 분위기를 바꾸기 시작했다. 피드백에도 "네, 알겠습니다. 이 부분 다시 생각해 볼게요"라는 부드러운 반응이 나왔고, 상사도 "요즘 수민 씨, 훨씬 유연해진 느낌이에요"라

고 말했다. 감정은 결코 약점이 아니었다. 오히려 그녀를 다시 회복시킨 가장 강력한 자산이었다.

감정은 논리가 아니다. 감정은 내가 지금 무엇을 중요하게 생각하고 있는지를 알려주는 매우 정직한 언어다. 그러니 감정이 올라올 때마다 '왜 이 말을 이렇게 받아들였을까?', '나는 지금 어떤 마음이 무너졌는가?'라고 묻는 것이 중요하다.

회사는 사람의 감정이 매일 충돌하는 공간이다. 관계 속에서 감정은 필연적으로 흔들린다. 하지만 그 흔들림이 나를 무너뜨리기보다, 나를 더 깊이 이해하게 만든다면, 우리는 흔들림 속에서도 단단한 중심을 가질 수 있다.

감정을 관리하는 건 전문가만 할 수 있는 일이 아니다. 일상의 루틴을 통해, 질문과 호흡을 통해, 오늘 하루를 '나로서' 버티는 연습을 통해 누구나 할 수 있는 훈련이다. 감정이란 그런 것이다. 무너지지 않게 만드는 것이 아니라 무너졌을 때 다시 일어나는 힘이 되어주는 것.

◇ 회복탄력성 자가 체크 5문항

지금의 나는 감정을 얼마나 잘 회복하고 있을까? 아래 질문들을 조용히 스스로에게 던져보자. 이 질문들은 당신이 감정을 어떻게 다루고, 다시 중심을 회복해 나가는지를 점검하는 작은 거울이다.

첫째, 실수나 비판을 받았을 때, 나는 얼마나 빨리 평정심을 되찾는가? 혹은 그 감정에 오래 머무는가?

감정은 올라오는 것이 자연스럽다. 그러나 중요한 건, 감정의 파도에 휩쓸리느냐, 파도를 바라보며 중심을 되찾느냐이다. 나는 지금 어떤 쪽에 더 가까운가?

둘째, 힘든 상황이 반복될 때, 나는 어떤 방식으로 감정을 정리하고 있는가? 말로 꺼내는가, 글로 쓰는가, 아니면 애써 외면하는가?

감정은 흘러야 가벼워진다. 묵혀둘수록 마음 한켠에 짙게 쌓인다. 나는 내 감정을 어떤 방식으로 흘려보내고 있는가?

셋째, 나만의 회복 루틴이 있는가? 걷기, 음악 듣기, 일기 쓰기, 혹은 누군가에게 털어놓기 같은 감정 환기 장치가 정착돼 있는가?

힘들 때마다 꺼내 쓸 수 있는 작은 버팀목을 나는 마련해 두었는가?

넷째, 감정이 올라올 때, '나는 왜 이렇게 반응했을까?'라고 스스로에게 질문해 본 적이 있는가?

단순히 감정을 억누르거나 방치하는 것이 아니라 그 뿌리를 조용히 들여다본 적이 있는가? 나를 몰아세우기보다 이해하려고 노력해 본 기억이 있는가?

다섯째, 내가 무너졌던 경험을 통해 배운 회복 방식이 무엇인지, 지금 말로 설명할 수 있는가? 그때 무엇이 나를 다시 일으켜 세웠는가? 그리고 나는 그 경험을 나의 자산으로 삼아 다음을 준비하고 있는가?

이 질문들에 '예'라고 답할 수 있다면, 당신은 이미 감정을 회복하고 다룰 줄 아는 사람이다. 회복탄력성은 특별한 재능이 아니다. 그것은 일상의 반복 속에서 조금씩 단단해지는 마음의 힘이다. 그 시작은 스스로에게 정직하게 말을 걸 수 있는 작은 습관에서 비롯된다.

회복력은 거창한 목표가 아니다. 오늘 하루를 무사히 잘 넘기는 것, 오늘 하루를 무너지지 않고 견디는 것. 그 하루가 쌓이고 반복되면서, 우리는 이전보다 조금 더 단단하고 유연해진 자신을 만나게 된다.

◇ 아직도 괜찮아, 흔들릴 뿐이야

회사에서 가장 먼저 부딪히는 문제는 '일'보다 '사람', 그리고 그 사람보다 '나 자신'이다. 내가 생각한 나와, 회사에서 드러나는 나의 모습이 다를 때 우리는 혼란스러워진다. 누군가의 말 한마디에 지나치게 상처받고, 작은 실수 하나에 며칠씩 무너진다. '나는 왜 이렇게 예민할까?', '이 일이 나와 정말 맞는 걸까?', '다른 사람들은 아무렇지 않게 넘기는 걸 왜 나는 이렇게 힘들어할까?' 그렇게 우리는 하루에도 몇 번씩 스스로에게 질문을 던진다. 그리고 그 질문 속에서 점점 더 조심스러워지고, 내 감정을 숨기게 되고, 결국엔 내가 누구인지조차 잊게 되는 순간을 맞이한다.

하지만 그 질문은 결코 약함의 증거가 아니다. 오히려 그것은 자신을 더 잘 알고 싶다는, 성장의 시작점에 서 있다는 신호다. 감정이 흔들리는 건 마음이 작동하고 있다는 의미이고, 그 감정을 들여다보고 싶어

한다는 건 이미 변화의 문 앞에 서 있다는 증거다.

아직은 감정의 파도에 휩쓸리지만, 그 안에서 스스로를 들여다보고, 다시 중심을 찾아보려는 태도. 그 태도가 진짜 회복력이고, 회사 안에서 단단하게 오래 일할 수 있는 진짜 실력이다. 흔들리지 않는 사람이 강한 것이 아니라 흔들릴 때마다 돌아올 수 있는 나만의 기준을 가진 사람이 진짜 강한 사람이다.

자기이해는 단순히 성격을 분석하는 일이 아니다. 감정이 올라올 때, 그 감정이 어디서 왔는지를 놓치지 않는 일이다. 같은 일이 반복될 때, 그 안에서 반복되는 내 감정 패턴을 알아차리는 민감함이다. 사람들과 어긋났을 때, '왜 저래?'라고 묻는 대신 '나는 왜 이렇게 반응했을까?'라고 스스로에게 질문할 수 있는 용기다. 그것이 회사를 살아내는 자기 이해의 진짜 힘이다.

내가 나를 이해하는 만큼, 타인의 다름도 수용할 수 있고, 그 수용이야말로 관계를 덜 힘들게 만드는 지름길이 된다. 결국 회사에서 겪는 대부분의 어려움은 '상대방의 문제가 아니라 그 상황에서 나의 반응을 이해하지 못했기 때문'일지도 모른다.

회사는 감정의 소모가 많은 공간이다. 의욕만으로는 버틸 수 없고, 실력만으로는 인정받기 어렵다. 오히려 감정을 회복하고, 자신을 이해하며, 꾸준히 태도를 조절해 나가는 사람이 더 오래 버틴다. 실수에도 스스로를 몰아붙이지 않고, 지적에도 방어하지 않으며, 서툰 순간에도 자신을 다독일 줄 아는 사람. 그런 사람이 결국 팀을 지키고, 일을 견디고, 내일을 만들어 간다.

회사는 완벽한 사람이 필요한 곳이 아니다. 불완전한 감정을 관리하고, 서툰 마음을 복원할 수 있는 사람이 필요한 곳이다. 그 마음의 기술이 곧 커리어의 지속가능성을 만들어 준다.

지금 당신이 힘들다고 느낀다면, 잘하고 있다는 뜻이다. 성장을 멈춘 사람은 흔들리지 않는다. 불편하고 복잡한 감정 속에서도 계속 질문을 던지고 있다는 건, 여전히 나를 이해하고 싶다는 마음이 살아있다는 뜻이다.

그것이면 충분하다. 무너지지 않겠다는 다짐보다, 무너질 수 있다는 사실을 받아들이는 것이 회복의 시작이다. 자기이해란 결국, '지금의 나를 있는 그대로 받아들이는 일'이다. 거기서부터만 우리는 다시 출발할 수 있다.

회사를 다니면서 가장 먼저 배워야 하는 건, '내가 누구인가'에 대한 감각이다. 그리고 두 번째는, '그런 나로도 괜찮다'는 수용이다. 지금은 조금 서툴러도, 감정에 휘청이더라도 괜찮다. 흔들리는 나를 알아보는 순간이, 결국 진짜 단단해지는 출발점이 된다. 그리고 그 출발점에 지금 서 있다는 것만으로도, 우리는 이미 충분히 잘하고 있다.

관계

3장

관계가
서툴러도 괜찮아

회사에서 일보다 먼저 마주하는 건 사람이다. 그리고 사람과 사람 사이에는 늘 보이지 않는 간격이 존재한다. 가까워지려고 다가섰다가 뜻밖의 오해에 부딪히고, 좋은 의도로 건넨 말이 차갑게 돌아오기도 한다. 때로는 그냥 웃어넘길 수도 있었던 일을 마음속 깊이 끌어안고 괜히 상처받는다. '왜 저 사람은 저렇게 말할까?', '왜 나는 매번 이렇게 힘들까?', '나는 대체 왜 이렇게 관계에 서툰 걸까?' 그렇게 우리는, 일보다 더 어려운 '사람 사이의 거리' 앞에서 멈칫하게 된다.

학교에서는 시험을 잘 보면 인정받았다. 결과만 좋으면 됐다. 하지만 회사에서는 다르다. 아무리 일을 잘해도, 아무리 실적을 올려도, 관계가 어긋나면 어느 순간부터 기회가 줄어든다. 결과보다 먼저 분위기를 읽어야 하고, 실력보다 먼저 사람의 마음을 이해해야 한다. 그리고 그 감정의 흐름은 숫자처럼 명확하지 않다. 말 한마디, 표정 하나, 메일 문장 끝의 느낌표 하나까지 모든 것이 관계의 공기 안에서 작동한다. 회사는 실력만으로는 살 수 없는 공간이다. 회사는 결국, 사람과 사람 사이에서 살아가는 공간이다.

처음엔 이해되지 않았다. '나는 최선을 다했는데, 왜 관계는 틀어지는 걸까?', '나는 성과를 냈는데, 왜 믿음을 얻지 못하는 걸까?' 어쩌면 회사라는 공간은 '일 잘하는 사람'을 찾는 게 아니라 '함께 일하고 싶은 사람'을 찾고 있었는지도 모른다. 그리고 함께 일하고 싶은 사람이 되는 데 필요한 것은 완벽한 실력이 아니라 서툴더라도 진심을 다해 관계를 맺으려는 태도였다.

관계는 항상 예측할 수 없는 방향으로 흐른다. 오늘 웃으며 인사했던 사람이 내일은 차갑게 대할 수도 있다. 함께 웃던 동료가 어느 순간은 벽처럼 느껴질 때도 있다. 처음엔 단순한 성격 차이로 생각했지만, 시간이 지날수록 알게 된다. 문제는 성격이 아니라 '표현의 방식'에 있다는 것을. 그리고 그 표현의 차이를 이해하고 수용하는 일이, 생각보다 훨씬 많은 에너지를 요구한다는 것을.

인사팀 윤희는 조용한 스타일이었다. 회의에서 적극적으로 의견을 내지 않았고, 팀원들과도 필요 이상으로 친해지지 않았다. 처음엔 별문제가 없었다. 하지만 프로젝트가 커지고 팀워크가 중요해지면서, 동료들은 점점 윤희와 거리감을 느끼기 시작했다.

"일은 잘하는데, 뭔가 같이하기 어렵다"는 이유였다. 윤희는 억울했다. '나는 내 일에 최선을 다했는데 왜?' 나중에야 알게 되었다. 문제는 성과가 아니라 '느껴지는 거리'에 있었다. 그리고 그 거리는 단순히 실력으로는 좁힐 수 없었다.

관계는 감정의 다리 위에서 만들어진다. 논리나 능력만으로 다리를 놓을 수는 없다. '저 사람은 나를 존중하고 있을까?', '나와 함께 있으면서 불편해하지 않는가?' 그런 감정의 레이더가 항상 작동한다. 그리고 그 감정은 한 번 어긋나면 다시 회복하는 데 오랜 시간이 걸린다. 그래서 관계는 실수보다 복구가 어렵고, 오해보다 회복이 어렵다. 관계를 망치는 건 한순간이지만, 관계를 세우는 건 수백 번의 다정한 신호와 작은 배려가 쌓여야 가능하다.

우리는 누구나 서툴다.
타인의 마음을 완벽히 읽을 수 있는 사람은 없다.
가끔은 무심히 던진 말에 누군가 깊이 상처받고,
가끔은 의도치 않게 차가운 벽을 만들기도 한다.
서툰 건 죄가 아니다.
진짜 문제는 서툰 걸 인정하지 않고,
그 틈을 외면하려는 데서 시작된다.

회사에서 살아남기 위해 가장 필요한 능력은 '관계 기술'이 아니다. 오히려 '관계에 서툴러도 괜찮다고 받아들이는 용기'다. 서툰 나를 인정할 수 있어야, 서툰 타인도 받아들일 수 있다. 그리고 그 용기가 있을 때, 우리는 조금씩 서로를 이해하고 다가갈 수 있다. 관계는 완성하는 게 아니라 매 순간 새로 배우는 것이다. 오늘은 서툴렀지만, 내일은 조금 덜 서툴러질 수 있다는 믿음. 그 믿음이 관계를 지속시키는 힘이 된다.

지금, 나는 관계 안에서 어떤 감정을 느끼고 있는가? 거절당했다는 느낌, 혼자 남겨졌다는 외로움, 이해받지 못한다는 억울함, 그 모든 감정은 내가 진심으로 사람들과 연결되고 싶다는 증거다.

그러니 괜찮다.

관계에서 서툴다는 것은,
결국 사람을 포기하지 않았다는 뜻이니까.
서툴러도 괜찮다.
때로는 거리를 잘못 재고, 때로는 마음을 잘못 건네더라도 괜찮다.

중요한 건,
포기하지 않는 마음이다.
관계를 이해하려는 마음,
조금이라도 가까워지려는 마음,
서툰 다리라도 놓아보려는 마음.

이 장에서는 관계가 어긋나는 순간, 다시 연결하는 법에 대해, 서툴게 말문이 막히는 순간, 자연스럽게 풀어내는 법에 대해, 상사의 말에 휘청이는 순간, 내 중심을 지키는 법에 대해, 자연스럽게 연결되는 말투와 태도에 대해, 팀에서 오래 살아남는 사람들의 온도에 대해 이야기할 것이다.

관계는 결국 사람을 향해 다시 걸어가는 일이다. 비록 서툴더라도, 비록 힘들더라도. 그리고 그 서툰 걸음조차, 언젠가는 누군가에게 다정한 다리가 되어줄지도 모른다. 그러니 괜찮다. 서툴러도, 여전히 괜찮다.

3-1. 보이는 게 다가 아닐 때

회사에 들어온 지 얼마 되지 않았을 때, 나는 사람을 겉모습으로 판단하는 일이 얼마나 위험한지를 여러 번 체험했다. 친절해 보이는 사람이 의외로 냉정할 때도 있었고, 말수가 적어 무뚝뚝하게 느껴지던 사람이 알고 보면 누구보다 세심하게 주변을 챙기는 사람이었다.

반대로, 처음에는 따뜻해 보였지만 가까워질수록 거리를 두는 사람도 있었다. 그리고 그 모든 경험은 나에게 하나의 진실을 가르쳐 주었다. 회사에서 만나는 사람들은 겉으로 보이는 이미지가 전부가 아니라는 것, 사람과 사람 사이에는 언제나 보이지 않는 층이 존재한다는 것이다.

우리는 본능적으로 표면에 보이는 것에 반응한다. 표정, 말투, 옷차림, 태도. 그리고 너무 쉽게 결론을 내린다. '저 사람은 무뚝뚝해', '저 사람은 다정해 보여', '저 사람은 차가운 사람이야.' 하지만 관계는 그렇게 단순하지 않다. 우리가 보는 것은 단지 빙산의 일각일 뿐이다. 그 사람의 성장 배경, 성격, 경험, 하루의 컨디션, 심지어는 어젯밤 잠을 얼마나 잤는지. 그 모든 것들이 지금 이 순간의 행동을 만든다. 우리는 그 복잡한 층위를 보지 못한 채, 단편적인 인상으로 누군가를 정의해 버리곤 한다.

겉보다 속을 본다는 것은 판단을 유보하는 일이다. 첫인상만으로 단정 짓지 않고, 행동 하나에 섣불리 결론 내리지 않고, 조금 더 기다려 보는 일이다. 한 번의 말실수로 사람을 규정하지 않고, 무뚝뚝한 태도 속에 담긴 불안이나 배려를 상상해 보는 일이다. 관계는 시간이 필요하다. 표면을 넘어서 진짜 마음을 만나는 데는 서두를 수 없다.

감사팀 성훈은 처음에 팀에서 조금 외로운 존재였다. 회의 때 말도 적고, 회식에도 자주 빠졌다. 팀원들은 그를 '사교성 없는 사람'으로 생각했다. 하지만 프로젝트를 함께하면서 조금씩 알게 되었다. 성훈은 말은 없지만, 동료의 실수를 대신 정리해 주고, 모두가 놓친 부분을 조용히 메워주는 사람이었다. 친밀한 대화를 많이 나누지는 않았지만, 누구보다 팀을 생각하고 있었다. 겉으로 보이는 '조용함' 이면에, 묵묵히 책임지는 마음이 있었다.

회사는 다양한 사람이 모인 곳이다. 모든 사람이 나와 같은 방식으로 생각하고 표현하지 않는다. 어떤 사람은 감정을 솔직하게 드러내고, 어떤 사람은 차갑게 숨긴다. 어떤 사람은 실수를 바로 인정하지만, 어떤 사람은 쉽게 방어적이 된다. 이런 차이는 성격의 문제가 아니다. 다르게 살아온 시간과 다른 생존 방식을 반영할 뿐이다. 그러니 누군가의 언행에 상처받을 때, 먼저 이렇게 자문해 보자. '이건 그 사람의 본심일까, 아니면 표현 방식의 차이일까?'

겉을 넘어서 속을 본다는 건, 곧 다름을 이해하는 일이다. 그리고 다름을 받아들일 때, 관계는 부드러워진다. 맞추려 하지 않고, 다르게 반응하는 방식을 인정할 때, 우리는 훨씬 덜 다친다. 상사가 날카롭게 지적했을 때, 그 속에 깔린 조급함이나 책임감을 볼 수 있다면, 상처보다 이해가 먼저 올 수 있다. 동료가 무심하게 넘긴 듯한 말을 들었을 때, 그 뒤에 숨겨진 어색함이나 서 을 느낄 수 있다면, 오해보다 유연함이 먼저 자리를 잡는다.

관계는 결국 감정 위에서 움직인다. 논리만으로는 사람을 연결할 수 없다. 감정은 얇은 빙판 위를 걷는 것처럼 섬세한 감각을 요구한다. 한 걸음 한 걸음 조심스럽게. 무심코 던진 농담 하나에도 조심하고, 무표정한 얼굴 뒤의 피로를 상상하며 다가가는 것. 그런 작은 배려들이 쌓여야 관계라는 다리가 놓인다.

하지만 너무 억지로 애쓰지 않아도 괜찮다. 모든 사람과 가까워질 필요는 없다. 중요한 건, 오해하지 않는 것이다. 거리를 유지하더라도, 오해 없이 거리를 두는 것. 가까워지지 않더라도, 불필요한 상처를 만들지 않는 것. 관계는 점령하는 것이 아니라 존중하는 것이다.

지금, 혹시 누군가와의 관계에서 마음이 불편한가? 아직 완전히 이해할 수 없는 사람, 다가가고 싶은데 어색한 사람, 괜히 마음이 불편한 사람이 있다면, 이렇게 물어보자. '나는 이 사람의 겉모습만 보고 판단하고 있지는 않았을까?', '이 사람의 속에는 어떤 이야기와 감정이 숨어 있을까?', '혹시 나도 나를 그렇게 오해받고 있지는 않을까?'

서로를 다 알 수는 없다. 하지만 다 알지 못해도 존중할 수는 있다.

그리고 존중은 이해보다 먼저 관계를 지탱해 주는 힘이 된다.

회사를 다니며 관계를 맺는다는 것은, 결국 수많은 오해 위에 조금씩 다리를 놓아가는 일이다. 서툰 말, 어색한 행동, 불편한 표정, 그 모든 것을 이해하지 못하더라도, 그 이면에 있는 다름을 인정하려는 마음. 그 마음 하나가 관계를 덜 힘들게 만든다.

겉으로 보이는 모습에 흔들리지 말자. 그 이면에는 각자의 사정과 이유가 있다. 아직은 서로 잘 모를 뿐이다. 서툴지만 조금씩 이해하고, 기다려 주고, 존중해 나가는 것. 그게 관계를 오래 지키는 유일한 길이다.

오늘도 회사 안에서 수많은 겉모습을 지나쳐야 할 것이다. 차가운 인상, 무심한 말투, 예민한 반응. 그 모든 것 속에, 어쩌면 나와 똑같이 서툴고 조심스러운 마음이 숨어있을지 모른다. 겉을 넘어서 속을 볼 수 있다면, 우리는 더 이상 관계에 지치지 않고, 관계 안에서 조금 더 자유로워질 수 있을 것이다.

그러니 괜찮다. 아직 관계가 서툴러도, 괜찮다. 조금씩, 천천히, 사람을 이해하는 법을 배워가는 중이니까.

◇ 관계 감각을 키우는 셀프 리플렉션

- 지금 내가 불편하게 느끼는 사람은 누구인가?
- 그 사람이 내게 보인 행동은 어떤 맥락에서 일어났을까?
- 그 감정을 내가 곧장 '사실'로 해석한 건 아닌가?
- 혹시 나도 같은 상황에서 그런 행동을 했던 적은 없었는가?

회사에서 관계는 성과보다 먼저 찾아오는 현실이다. 일이 손에 안 잡히는 날 대부분, 그 이유는 관계의 불편함에서 비롯된다. 하지만 관계는 한 번의 사건이나 한마디 말로 단정 지을 수 없다. 그 사람의 오늘이 다가 아니고, 내가 느낀 감정이 언제나 정답은 아니다. 내가 본 게 전부가 아니라는 사실을 기억하는 순간, 관계는 새롭게 열릴 수 있다. 서툴러도 괜찮다. 중요한 건 열린 시선과 조금의 여유다. 관계는 결국, 그 여유 안에서 자란다.

◇ 생각 왜곡 일지

사람을 바라볼 때, 우리도 모르게 많은 착각을 한다. 감정은 해석을 빠르게 몰아가고, 그 해석은 곧 사실처럼 굳어진다. 하지만 감정은 사실이 아니다. 감정은 단지 신호일 뿐이다. 아래의 사례들을 통해, 나의 감정 해석이 어떻게 왜곡될 수 있었는지 차분히 되짚어 보자.

상황	내가 느낀 첫인상	나의 해석	실제 가능성 있는 진실
인사를 받지 않았다.	무시당한 느낌이다.	나를 싫어하는 것 같다.	바쁘거나 정신이 없었을 수도 있다.
피드백이 냉정했다.	나를 공격하는 것 같다.	감정 섞인 비난이라 느꼈다.	단순히 개선점을 알려주려던 말일 수도 있다.
말투가 퉁명스러웠다.	예의 없다.	기본 성격이 거친 사람이다.	긴장하거나 낯가리는 스타일일 수 있다.
표정이 무표정했다.	거리감을 느꼈다.	나를 불편해한다.	피곤하거나 생각에 잠겨있었을 수도 있다.

나의 감정이 나에게는 진실처럼 느껴지더라도, 그것이 곧 상대방의 의도나 본심과 일치하지는 않는다. 감정은 존중하되, 감정의 해석은 항상 다시 점검할 필요가 있다.

◇ 관계를 새롭게 바라보는 4가지 질문

우리는 누구나 '내 감정을 기준으로' 상대를 해석한다. 하지만 감정은 때때로 사실을 왜곡한다. 오해가 생겼다고 느껴질 때, 다음 네 가지 질문을 스스로에게 던져보자.

첫째, 나는 지금, 상대를 내 관점으로만 보고 있는가? 혹시 내가 가진 감정 필터로 상대를 왜곡하고 있지는 않은가?

둘째, 이 감정은 내 과거 경험과 어떻게 연결되어 있는가? 비슷한 경험 때문에 감정이 과도하게 증폭된 건 아닐까?

셋째, 상대의 오늘 하루는 어땠을까? 혹시 내가 보지 못한 사정이나 맥락이 있었을까?

넷째, 이 판단은 지금 내 기분에 좌우되고 있지는 않은가? 기분이 좋지 않은 날, 모든 사람이 더 까칠해 보이진 않았는가?

관계는 의도보다 해석에서 어긋난다. 그리고 해석은 감정에 따라 흔들린다. 내가 본 것이 전부가 아닐 수 있다는 겸손한 시선은, 오해를 여지로 바꾸고, 단절을 연결로 이끌 수 있는 가장 현실적인 출발점이다. 관계는 '내가 옳다'는 확신이 아니라 '혹시 내가 놓친 건 없을까?'라는 질문에서 다시 열린다.

3-2. 첫인상의 벽 허물기

처음 누군가를 만났을 때 우리는 아주 짧은 순간에 상대를 판단한다. 표정, 말투, 분위기, 심지어 걸음걸이까지. 인간은 본능적으로 첫인상을 통해 위험을 감지하고 관계를 가늠해 왔다.

첫인상은 그래서 빠르고 강렬하다. 그리고 문제는, 한 번 만들어진 첫인상이 쉽게 사라지지 않는다는 데 있다. 회사에서도 마찬가지다. 처음 인사를 나눈 그 순간부터, 우리는 서로를 '이런 사람'이라고 단정 짓는다. 그리고 그 인식은 이후의 모든 관계를 결정짓는 커다란 벽이 되어버리기도 한다.

나는 회사에 처음 입사했을 때, 무뚝뚝하다는 평가를 받았다. 일부러 그런 건 아니었다. 긴장해서 표정이 굳었고, 조심스러워서 말을 아꼈다. 하지만 동료들은 나를 '차가운 사람'이라고 느꼈다. 그렇게 생긴 오해는 꽤 오랫동안 풀리지 않았다. 나는 속으로 억울했다. '난 친해지고 싶은데….' 그러나 곧 깨달았다. 상대는 나의 의도를 모른다는 것, 그리고 오직 내가 보여준 표정과 행동만을 보고 판단할 뿐이라는 것을. 첫인상이 관계의 시작을 좌우한다는 사실을.

첫인상은 강력하다. 하지만 동시에 굉장히 부정확하다. 우리는 누군가의 하루 컨디션, 긴장감, 혹은 그날의 개인적인 사정까지 알지 못한 채 단편적인 단서들만 가지고 전체를 상상한다. 그리고 그 상상은 대부분 틀린다.

그럼에도 불구하고 우리는 그 인상에 집착하고, 그 이미지 속에 사람을 가둬버린다. 나 또한 누군가의 무뚝뚝한 태도에 불편함을 느꼈고, 서늘한 말투에 괜히 마음을 닫은 적이 있었다. 하지만 시간이 지나고 가까워지면서 알게 되었다. 무뚝뚝함은 낯가림이었고, 서늘한 말투는 긴장 때문이었다. 그들은 나쁜 사람이 아니었다. 다만 서툴렀을 뿐이었다.

회사에서 첫인상은 빠르게 굳어지고, 굳어진 인상은 쉽게 변하지 않는다. 그래서 더더욱 조심해야 한다. 내가 상대를 판단하는 것만큼, 상대도 나를 판단하고 있다는 사실을 기억해야 한다. 그리고 그 판단은 단지 한순간의 표정이나 말투에 의해 결정될 수 있다는 것을. 그렇다면 어떻게 해야 할까? 첫인상의 벽을 허물기 위해, 우리는 두 가지 노력이 필요하다. 하나는 상대를 너무 빨리 규정짓지 않는 것, 다른 하나는 내 의도를 조금 더 명확하게 표현하는 것이다.

개발팀 수진은 처음에 '차가운 사람'이라는 이미지를 가졌다. 낯을 많이 가려서 처음 보는 사람에게는 웃지 않고, 필요한 말만 했다. 그런데 알고 보면 누구보다 팀을 챙기고, 뒤에서 조용히 동료들을 도와주는 사람이었다. 문제는 대부분의 사람들이 그녀를 알아보기 전에 이미 거리를 두었다는 것이다. 수진은 오해를 풀기 위해 작은 것부터 바꿨다.

아침에 먼저 인사하고, 회의 때는 고개를 끄덕이며 리액션을 더 크게 했다. 처음에는 어색했지만, 그 작은 변화들이 쌓이면서 팀원들은 그녀의 따뜻함을 발견하기 시작했다. 그리고 언젠가부터 '무뚝뚝한 사람'이 아니라 '조용하지만 든든한 사람'으로 불리게 되었다.

첫인상을 허문다는 건, 억지로 친해지거나 거짓된 모습을 연출하는 것이 아니다. 다만 진심을 조금 더 겉으로 드러내는 일이다. '나는 당신과 좋은 관계를 맺고 싶습니다'라는 메시지를 말이 아니라 행동으로 보여주는 일이다. 작은 미소 하나, 고개 끄덕임 하나, '수고 많으셨습니다'라는 짧은 인사 한마디. 그 모든 것들이 쌓여 벽을 허물고 다리를 만든다.

우리는 종종 생각한다. '나는 내 방식대로 편하게 있고 싶은데, 왜 억지로 맞춰야 하지?' 맞는 말이다. 그러나 회사는 개인의 공간이 아니라 관계의 공간이다. 나의 편함만 고집하면 관계는 쉽게 닫힌다. 조금은 불편하더라도, 조금은 어색하더라도, 서로를 향해 다가가는 노력이 필요하다. 그리고 그 작은 노력은 결코 헛되지 않는다. 관계는 한 번의 멋진 퍼포먼스로 쌓이는 게 아니라 수십 번의 사소한 다정함 위에 세워진다.

누군가 나를 오해하고 있다면, 너무 억울해하지 말자. 나도 어쩌면 누군가를 오해하고 있을지 모른다. 중요한 건, 오해가 생겼을 때 포기하지 않는 것이다. 벽을 탓하는 대신 다리를 놓으려는 노력. 그게 결국 관계를 이어주고, 내 사람을 만들어 준다.

혹시 지금, 첫인상 때문에 거리를 두고 있는 사람이 있는가? 처음 느낀 인상이 여전히 마음에 남아 관계를 가로막고 있는가? 그렇다면 한 걸음만 더 다가가 보자. 말 한마디 더 걸고, 웃으며 인사 한 번 더 건네보자. 어쩌면 당신이 몰랐던 그 사람의 따뜻한 면을 발견할 수 있을지도 모른다. 그리고 무엇보다, 관계는 서두른다고 가까워지는 것이 아니다. 서툴더라도 진심을 담아 반복하는 것. 그게 관계를 만드는 유일한 길이다.

지금 관계가 어색한 것은, 당신이 서툴기 때문이 아니라 아직 시간이 충분히 흐르지 않았기 때문일 수도 있다. 첫인상은 강렬하지만, 결국 관계를 결정짓는 건 그 이후의 수많은 순간들이다. 서툴러도 괜찮다. 어색해도 괜찮다. 중요한 건, 포기하지 않는 것이다.

오늘 하루, 한 번 더 미소 짓고, 한 번 더 말을 걸어보자. 작은 다리 하나가, 생각보다 큰 세상을 연결해 줄지도 모른다.

◇ 첫인상 체크 포인트

첫인상은 단순한 인상이 아니다. 그것은 관계의 문을 열거나 닫는 작은 신호다. 내가 어떤 첫인상을 남기고 있는지, 지금 이 순간 점검해 보자. 스스로에게 조용히 물어보자.

- 나는 낯선 사람에게 먼저 인사를 건네는 편인가?
- 처음 마주한 사람과 대화할 때, 리액션을 잘 보여주는 편인가?

• 말투나 표정에서 긴장감보다 여유가 더 느껴지도록 표현하고 있는가?

작은 행동 하나가, 상대에게 '다가가도 괜찮은 사람'이라는 인상을 남긴다. 관계는 그런 작은 신호들 위에 쌓인다. 낯선 이에게 가볍게 고개를 끄덕이는 것, 이야기할 때 밝은 리액션을 더하는 것, 긴장하더라도 미소를 잃지 않는 것. 모두 어렵지 않지만, 결코 가볍지 않은 변화다.

〖 **팁(TIP)** 〗

첫인상은 '성격'의 문제가 아니라 '표현'의 문제다. 아무리 좋은 마음을 품고 있어도, 겉으로 드러나는 표현이 서툴면 그 마음은 전달되지 않는다. 내가 가진 좋은 의도와 성향이 상대에게 닿기 위해서는, 표현을 점검하고 가꾸는 연습이 필요하다. 특히 직장에서는 '편안하게 다가갈 수 있는 사람'이라는 인상이 팀워크의 첫 발판이 된다. 낯선 사람 앞에서 나도 모르게 경직되는 나를 탓하지 말자. 대신, 그 긴장 속에서도 작은 여유를 표현하려는 연습을 해보자. 그 연습이 쌓이면, 관계를 시작하는 문턱이 훨씬 낮아질 것이다.

회사는 단순히 실력만으로 굴러가지 않는다. 사람과 사람 사이, 눈빛 하나, 말투 하나에서 신뢰가 싹트고 팀워크가 만들어진다. 그리고 그 모든 시작은 첫인상이라는 작은 순간에서 출발한다.

◇ 첫인상은 관계의 시작이지 결론이 아니다

회사에서의 첫인상이란, 사람과 사람이 처음 만났을 때의 '예상'일 뿐이다. 팀워크란 그 예상을 하나씩 지워가며, 실제 협업 속에서 진짜 신뢰를 쌓아가는 과정이다. 당신이 서툴렀던 그날의 인상이 전부는 아니다. 그날 어색하고 서툴렀던 모습이 관계의 결론이 되지 않는다. 중요한 것은, 그 이후의 수많은 순간들이다. 지금의 모습으로 얼마나 성실히 함께하는가, 어떤 태도로 관계를 이어가고 있는가가 더 중요하다.

첫인상은 시작일 뿐이다. 관계는 그 시작 위에 진심을 쌓아가는 일이다. 그러니 서툴렀던 첫 만남을 부끄러워하지 말자. 그 어색했던 순간조차, 결국은 하나의 과정이었다. 중요한 건, 오늘의 나로 계속 다가가는 일이다. 처음을 탓하지 말고, 지금을 믿자. 그렇게 한 걸음씩 벽을 허물고 다리를 놓는 것. 그게 바로 관계를 이어가는 진짜 힘이다.

3-3. 말 너머를 읽기

직장생활을 하다 보면, 문득 이런 순간이 찾아온다. '저 사람, 분명히 말은 그렇게 했는데, 뭔가 이상했어.' 겉으로는 분명히 웃으며 괜찮다고 말했지만, 그 표정이나 말투에는 묘한 거리감이 느껴지고, 회의 시간에 '좋은 아이디어네요'라고 했지만 전혀 기뻐 보이지 않는 눈빛이 스쳐 간다.

바로 그 순간, 우리는 깨닫는다. 회사에서 오가는 말들은, 그것이 문자든 음성이든, 겉으로 들리는 것만으로는 다 설명되지 않는다는 걸.

말보다 더 많은 정보는 '말하지 않은 것'에 담겨있다. 그 사람의 표정, 말하는 속도, 말의 앞과 뒤에 머뭇거리는 공기, 반응 없는 리액션이 모든 것들이 회사라는 공간 안에서 우리가 놓치지 말아야 할 감정의 신호다. 우리는 종종 "그 사람, 말이 좀 심했어", "나는 그렇게 말한 게 아닌데 왜 오해했지?"라고 말한다. 하지만 진짜 문제는 '무슨 말을 했는가'가 아니라 '어떤 방식으로 말했는가', 혹은 '말하지 않은 부분에서 무엇이 느껴졌는가'다.

회사에서의 커뮤니케이션은 단지 정보를 전달하는 행위가 아니다. 그것은 신뢰를 조율하고, 관계를 유지하고, 긴장을 완화하거나 때론 눈치를 나누는 정서적 교환의 과정이다. 그 속에서 가장 중요한 능력은 '해석력'이다. 내가 들은 말을 그대로 받아들이기보다, 그 말이 나오는 배경과 타이밍, 분위기까지 감지하며 '왜 저런 표현을 했을까', '저 말의 진짜 의도는 뭘까'를 한 번쯤 생각해 보는 감도. 그것이 조직에서의 감정 피로를 줄이고, 오해와 충돌을 방지해 주는 정서적 근육이다.

특히 상사와의 대화에서, 혹은 다른 부서와의 협업에서, 말의 표면만 읽는 습관은 큰 위험이 될 수 있다. 예를 들어 상사가 "이번 건 그냥 넘어가자"라고 말했을 때, 정말로 아무 문제 없다는 뜻일 수도 있지만, 거기에는 '다음엔 이런 실수 없었으면 좋겠어'라는 뉘앙스가 숨어있을 수도 있다.

회의 시간에 누군가가 "음, 괜찮네요"라고 말했을 때, 그것이 정말 괜찮다는 의미일 수도 있지만, 실은 별 감흥이 없거나 다른 의견이 있지만 굳이 말하지 않겠다는 뜻일 수도 있다.

우리는 이러한 언어의 '빈틈'을 읽는 힘을 길러야 한다. 말은 메시지를 담고 있지만, 그 말의 톤과 속도, 표정과 리듬은 감정을 담고 있다. 그리고 실제로 조직에서의 갈등은 메시지보다 감정의 오해에서 더 많이 발생한다. 같은 말을 하더라도 누가, 언제, 어떤 맥락에서 말했는가에 따라 그것은 전혀 다른 의미가 된다.

그래서 회사생활에서 중요한 건 '정확한 말'을 하는 것보다 '관계 안에서 말을 해석하고 반응하는 기술'이다. 상사의 날카로운 피드백이 그 사람의 고유한 말투일 뿐인지, 아니면 지금 특별히 예민해진 상태인지를 구분하는 것. 동료가 아무 말 없이 지나쳤을 때, 그게 단순한 실수인지, 아니면 뭔가 기분이 상한 건지를 캐치하는 것. 이런 해석력은 단순한 추측이 아니라 관계를 오랫동안 쌓아가며 생기는 감정의 리듬에 대한 민감도에서 비롯된다.

지원은 3년 차 대리 시절, 팀장과의 대화가 늘 어려웠다. 피드백은 항상 정중했지만, 말투가 건조했고 표정이 거의 없었다. 회의에서 "한 번 더 검토해 보자"라는 말을 듣고는 '내가 뭔가를 잘못했구나', '이건 결국 반려겠지'라는 생각에 밤새 다시 자료를 만들곤 했다.

그런데 시간이 지나며 알게 됐다. 팀장은 피드백을 줄 때 항상 말투가 일정했고, 감정을 드러내지 않는 사람이었다는 것. 몇 번의 대화를 더 나눈 후에야 지원은 깨달았다. 그 말은 실망의 표현이 아니라 팀장의 일상적인 업무 조율 방식이었다는 것을. 이후로 그는 피드백을 그 사람의 스타일을 고려해 해석하기 시작했고, 괜한 오해나 자책에서 벗어나게 되었다.

이처럼 우리는 자주 말의 표면에서 감정적 결론을 내린다. 하지만 말은 언제나 불완전하고, 우리는 각자의 방식으로 그것을 왜곡하거나 단정 지어 해석한다. 그래서 더더욱, 나는 '그 사람이 진짜로 하고 싶었던 말은 무엇일까?'라는 질문을 던져야 한다. 그리고 그것은 말이 아니라 분위기와 리듬, 맥락 속에서 더 정확하게 포착된다.

말은 입에서 나오지만, 감정은 몸 전체에서 나온다. 상대의 말뿐 아니라 시선, 손짓, 말끝의 망설임, 눈에 머무는 시간까지도 커뮤니케이션의 일부다. 말의 내용만으로는 도저히 설명할 수 없는 미묘한 긴장감은 대부분 그 말 주변의 신호들에서 비롯된다. 이런 신호를 읽을 줄 아는 사람은 조직에서 갈등을 줄이고, 사람들의 신뢰를 더 쉽게 얻는다. 왜냐하면 그 사람과 이야기하면, 말하지 않아도 알아주는 느낌이 들기 때문이다.

나도 그런 사람이 되고 싶었다. 그래서 말할 때, 듣는 것 이상으로 상대의 눈빛과 표정, 말하는 방식에 집중하려고 노력했다. 대화가 끝난 뒤에도 '그 말은 어떤 의미였을까' 되짚어 보며 감정의 흐름을 복기했다. 그 과정에서 깨달은 것은 단순하다.

말은 중요한 정보를 담지만, 신뢰는 감정 속에 담긴다는 것. 회사에서 살아남는 사람은 말을 잘하는 사람이 아니라 말을 잘 해석하는 사람이다. 질문에 정답을 말하는 사람보다, 그 질문의 의도를 정확히 파악하고 적절한 시점에 응답할 줄 아는 사람이 더 많은 기회를 얻는다.

업무에서는 논리가 중요하지만, 관계에서는 감정의 리듬이 중요하다. 말을 정제하는 데에만 집중하지 말고, 말의 여백과 온도를 감지하는 데 더 많이 귀 기울이자. 그 온도가 결국 내가 조직에서 남길 수 있는 신뢰의 밀도다.

◇ 상사 말 번역 사전

상사의 말은 때로 모호하고, 불친절하고, 생략되어 있다. 하지만 그 짧은 말 안에도 분명한 기대와 신호가 숨어있다. 상사의 말을 단순히 단어로만 듣지 않고, 그 의도를 해석할 수 있다면 상처보다 성장에 가까워질 수 있다. 다음은 상사의 말과 그 안에 숨은 의미를 짚어본 번역 사전이다.

상사의 말	실제 의도 (예시)
그건 좀 아쉬운데요.	완전히 틀린 건 아니지만, 다른 대안을 보고 싶다.
조금 더 생각해 보자.	지금 안은 확신이 없다. 다른 아이디어나 접근이 필요하다.
그건 네가 한 거지?	잘못을 따지는 게 아니라 책임 흐름을 확인하는 중이다.
다음엔 실수하지 마.	지금은 넘어가지만 반복되면 문제로 커질 수 있다.
좋았어, 근데 말이야…	칭찬 뒤에 조정하고 싶은 포인트가 있다.

이 번역 사전은 모든 상황에 완벽히 들어맞지는 않을 것이다. 하지만 상사의 말을 들을 때, '이 말이 나를 비난하려는 것일까, 아니면 기대를 표현하는 것일까'를 한 번쯤 되짚어 보는 것만으로도 관계의 긴장감은 한결 줄어든다.

【 팁(TIP) 】

상사의 말은 감정의 언어가 아니라 '기대의 신호'일 수 있다. 말의 어조, 타이밍, 상황의 맥락을 함께 읽는 감각이 중요하다. 피드백이 모호하거나 불편하게 느껴질 때, 스스로를 몰아세우기 전에 먼저 맥락을 생각해 보자. 직접 묻는 용기는 오해를 줄이고 관계를 단단하게 만든다. 작은 확인 질문 하나가 쓸데없는 상처를 예방해 준다.

"피드백은 지적이 아니라 함께 가자는 신호다."

상사의 말을 피하지 말자. 그 안에는 때때로 날것의 진심이 있고, 성장을 위한 좌표가 숨어있다. 물론 모든 피드백이 정답은 아니다. 상사도 완벽하지 않다. 그러나 그 불완전한 말들 속에서도 나에게 필요한 의미를 찾아내는 능력. 그것이 곧 조직 안에서 나를 지키는 해석력이다.

3-4. 연결되는 말의 힘

회사에서 '일'만큼 중요한 건 '말'이다. 업무 능력이 아무리 뛰어나도 말투가 딱딱하거나 거리감을 만든다면, 자연스럽게 사람들과의 연결이 끊어진다. 반대로 특별히 대단한 성과를 내지 않더라도, 부드럽고 편안한 말투로 동료들과 신뢰를 쌓아가는 사람이 있다. 말은 단순한 소통 수단이 아니다. 말은 사람 사이의 거리를 결정하고, 관계를 이어가는 다리다.

회사를 다니면서 가장 자주 듣는 피드백 중 하나가 "말을 부드럽게 해봐"다. 그런데 막상 부드럽게 말하려고 하면 어떻게 해야 할지 모르겠다. 억지로 웃거나, 일부러 친절한 척하려 하면 오히려 어색해지고 부자연스럽다. 진짜 중요한 것은 '기술'이 아니라 '태도'다. 상대를 존중하려는 마음이 있으면, 말투는 자연스럽게 따라온다. 문제는, 우리는 종종 그 마음을 말로 표현하는 데 서툴다는 것이다.

말투의 부드러움은 거창한 기술이 아니라 일상의 작은 배려에서 시작된다.

- 상대방의 말을 끊지 않고 끝까지 듣기
- 대답할 때 단답형 대신 짧은 부연을 덧붙이기

- 지적할 때는 '지금보다 나아질 수 있다'는 가능성을 포함하기
- 요청할 때 '부탁합니다'를 자연스럽게 붙이기
- 고마움을 표현할 때는 아끼지 않고 구체적으로 말하기

그런 의식적인 노력들이 쌓이면 자연스럽게 관계의 깊이로 이어진다. 그리고 이런 말투는 억지로 흉내 내는 것이 아니라 반복과 의식적인 노력을 통해 서서히 몸에 배어간다.

예를 들어보자. 영업팀의 지연은 업무 처리 능력이 뛰어났지만, 피드백할 때 말투가 직설적이었다. "이건 잘못됐어요", "다시 하셔야 할 것 같아요." 그녀의 말은 사실 정확했다. 하지만 듣는 사람들은 마음이 불편했다. 그래서 지연은 피드백 방식을 조금 바꿨다. "이 부분 정말 잘하셨어요. 그런데 이 부분만 조금 조정하면 더 좋을 것 같아요." 같은 내용을 전달했지만, 말투 하나로 분위기는 완전히 달라졌다. 상대방은 방어적이 되지 않았고, 오히려 더 적극적으로 수정에 나섰다. 말의 내용은 같았다. 바뀐 건 단지 말투와 전달하는 방식뿐이었다.

자연스러운 말투는 상대를 편하게 만든다. 그리고 편안한 관계는 업무의 속도를 높인다. 팀워크는 말투 위에 세워진다. 어떤 말도, 어떤 조언도, 어떤 피드백도, 결국은 말투를 통해 전달된다. 말투가 딱딱하면 마음이 닫히고, 말투가 부드러우면 마음이 열린다.

하지만 여기서 주의할 점이 있다. 부드러운 말투가 '눈치 보며 말하는 것'과 같아서는 안 된다. 자연스러운 말투는 단순히 무조건 상대방을

맞추거나, 비위를 맞추는 것이 아니다. 내 의견은 명확히 하되, 상대를 존중하는 방식으로 표현하는 것이다. 단단함과 부드러움을 동시에 갖춘 말투. 그게 진짜 자연스럽고 강한 말투다.

회사는 솔직함만으로 살아남기 어렵고, 침묵만으로도 신뢰를 얻기 어렵다. 그래서 우리는 말하는 방법을 익혀야 한다. 내 마음을 숨기지 않으면서도, 상대방이 받아들이기 쉽게 전달하는 방법. 내 의도를 왜곡 없이 표현하면서도, 관계를 손상시키지 않는 말의 기술. 그것은 타고나는 것이 아니라 배워야 하는 것이다.

자연스럽게 연결되는 사람은 말투만 다르다.

- 조언할 때도 공격처럼 들리지 않는다.
- 지적할 때도 상대의 자존심을 건드리지 않는다.
- 요청할 때도 부담을 주지 않는다.
- 거절할 때도 관계를 훼손하지 않는다.
- 실수를 지적할 때도 '괜찮다'는 메시지를 함께 건넨다.

이런 사람과는 함께 일하는 게 편하다. 긴장하지 않아도 되고, 방어적이지 않아도 된다. 그래서 팀이 굴러간다. 좋은 말투는 팀워크의 윤활유다.

혹시 지금 누군가와의 관계가 어색하다면, 내 말투를 돌아보자. 내가 무심코 던진 말 한마디, 무표정한 리액션 하나가 상대방에게는 벽처럼 느껴졌을 수도 있다. 말투를 바꾼다는 건 나를 부정하는 것이 아니다. 오히려 내 진심이 왜곡 없이 닿도록 만드는 과정이다.

말은 다리다. 좋은 말은 사람을 연결하고, 나쁜 말은 사람을 끊는다. 우리가 회사를 다니며 해야 할 가장 중요한 기술 중 하나는 바로 이 '말 다루기'다. 말은 관계의 시작이고, 관계는 일의 시작이다. 결국 말투 하나가 내 일의 품질을, 커리어의 속도를, 관계의 깊이를 결정짓는다.

말투는 하루아침에 바뀌지 않는다. 하지만 의식하고 연습하면 달라진다. 조금 더 부드럽게, 조금 더 다정하게, 조금 더 여유 있게. 오늘 하루, 말 한마디를 건넬 때 한 번만 더 생각해 보자. '나는 지금 상대를 존중하는 말투로 말하고 있는가?' 그 작은 질문 하나가 당신의 회사를, 당신의 관계를, 그리고 당신 자신을 바꿀 수 있다.

서툴러도 괜찮다.
어색해도 괜찮다.
중요한 건, 포기하지 않고 계속 사람에게 다가가려는 마음이다.

◇ 관계의 온도계 테스트

관계는 기술이 아니라 감각이다. 내 말투, 내 표정, 내 반응 속에 어떤 온도가 깃들어 있는지 돌아볼 수 있다면, 우리는 조금씩 더 자연스럽고 단단한 연결을 만들어 갈 수 있다. 아래 질문을 통해 지금 나의 말투와 관계 감각을 조용히 점검해 보자.

- 누군가 이야기를 시작할 때, 나는 자연스럽게 리액션을 하는 편인가?
- 팀 회의 중 말없이 상대를 바라보며 공감하는 표정을 자주 짓는가?
- 동료의 말에 반복적으로 "맞아요", "그렇죠"와 같은 피드백을 주는가?
- 누군가 힘들어 보일 때, 먼저 말을 건네거나 커피 한 잔을 권한 적이 있는가?
- 나와 일한 동료가 "함께 있으면 편하다"고 말한 적이 있는가?

이 질문에 스스로 답을 적어보자. 꼭 모든 질문에 '예'라고 답할 필요는 없다. 중요한 건 나의 감정 반응과 연결 태도를 돌아보는 것이다. 나도 모르게 무표정하게 있지는 않았는지, 상대방이 신호를 보냈을 때 무심코 지나치지는 않았는지. 센스 있는 연결은 타고나는 것이 아니라 매일의 작은 선택과 반복되는 실천에서 만들어진다.

【 팁(TIP) 】

점수에 연연하지 말자. 더 중요한 건, 나의 감정과 반응을 의식적으로 돌아보는 연습이다. 관계는 대단한 말솜씨로 이어지는 것이 아닌 사소한 감각들로 채워진다. 고개를 끄덕이는 리액션, 공감하는 눈빛, 작은 피드백, 짧은 격려 한마디. 그런 것들이 모여, '편안한 사람'이라는 인상을 만든다. 내가 굳이 무언가를 하지 않아도, 함께 있는 것만으로 상대를 편안하게 만드는 것. 그것이 진짜 센스 있는 연결이다.

관계는 성과처럼 빠르게 가시화되지 않는다. 하지만 좋은 관계의 온도는 시간을 지나며 분명히 드러난다. 그리고 오래 버티는 사람, 오래 사랑받는 사람은 결국 '말'보다 '온도'로 기억된다.

3-5. 오래가는 사람의 온도

회사에서 처음 주목받는 사람은 빠르게 성과를 내는 사람이다. 결과로 말하는 사람이 조직에서는 칭찬받고, 신속하게 업무를 처리하는 사람이 눈에 띈다. 하지만 오래 기억되는 사람은 다르다. 성과보다 따뜻함으로, 속도보다 여유로, 말보다 '말투'로 기억된다. 누군가 이렇게 말한 적이 있다. "회사는 성과로 돌아가지만, 사람은 분위기로 기억된다."

일을 잘하는 사람이 있어 고마운 순간도 있지만, 함께 있는 것만으로도 안심되는 사람은 따로 있다. 함께 회의하는 게 불편하지 않고, 이메일 하나에도 말투에서 따뜻함이 느껴지고, 작은 실수를 해도 위로받는 느낌이 드는 그런 사람. 그런 사람은 조직에서 결코 중심에 서려 하지 않지만, 어느새 모든 연결의 중심이 되어있다.

성과는 기록되지만, 온도는 기억된다. 회사에서 오래 살아남는 사람은 결국, 자신의 '말투'와 '표정'으로 팀의 정서를 설계할 줄 아는 사람이다.

입사 초기엔 누구나 빠르게 인정받고 싶다. 질문도 많이 하고, 피드백도 적극적으로 받고, 자기 몫 이상을 해내며 '가능성 있는 신입'이라는 말을 듣는다. 하지만 이 시기의 말투는 종종 날이 서 있다. 예민하고,

방어적이며, 실수에 민감하다. 이유는 간단하다. '살아남아야 한다'는 생존 본능 때문이다.

3년 차가 되면 조금 달라진다. 업무의 구조를 파악하고, 실수에 당황하지 않으며, 조직의 분위기를 읽기 시작한다. 하지만 이 시기에도 '이 일은 내 일이 아닌데'라는 생각이 머리를 스치고, '왜 나는 아직 저 자리에 못 가고 있을까'라는 비교가 마음을 무겁게 한다.

그리고 7년 차쯤 되면, 말투는 더 단단해지고 표정은 더 부드러워진다. 바로 이 시점에서 조직은 '온도의 사람'을 알아보기 시작한다. 같은 피드백을 해도 말끝을 부드럽게 정리하고, 누군가 힘들어 보여도 먼저 말 걸지 않고 눈빛으로 안부를 건네고, 회의 도중 상대가 멈칫하면 말을 대신 이어준다. 연차는 경력을 쌓게 해주지만, '온도'는 신뢰를 쌓게 해준다.

말투, 리액션, 반응의 여유. 이 모든 것이 감정의 무게를 줄여주는 온도의 기술이다. 오래 살아남는 사람은 이런 '감정 설계 능력'을 자기 안에 천천히 길러낸다.

당신도 한 명쯤은 떠오를 것이다. 특별히 말을 많이 하지 않지만, 그 사람이 옆에 있는 것만으로도 긴장이 덜어지는 사람. 복잡한 상황에서도 조용히 정리를 도와주고, 회식 자리에서도 무리하게 분위기를 끌기보다, 조용히 빈 잔을 채워주는 사람. 그들은 늘 먼저 말하지 않지만, 필요할 때 정확한 타이밍에 한마디를 건넨다.

"괜찮아. 그럴 수도 있지."
"그 상황이면 나라도 헷갈렸을 것 같아."
"그만하면 충분히 잘했어."

이런 말 한마디가 마음을 붙잡아 준다. 실수를 지적하지 않고, 상황을 먼저 이해하려는 사람, 말보다는 감정의 결을 읽고 반응하는 사람. 이런 사람은 함께 있는 것만으로도 조직의 분위기를 조율한다. 온도 높은 사람은 결국, 말보다 감정의 움직임을 잘 아는 사람이다.

신입사원 민준은 언제나 긴장감에 싸여있었다. 실수하지 않으려 애썼고, 지시받은 일을 빠르게 처리했다. 하지만 팀원들은 그에게 쉽게 말을 걸지 못했다. 민준은 피드백을 받을 때마다 당황했고, 이메일 하나에도 이모티콘을 쓰지 않았다.

3년 차가 된 민준은 팀의 분위기를 의식하게 됐다. 동료의 리듬을 맞추려 노력했고, 피드백에도 "생각해 볼게요"라는 말을 붙이기 시작했다. 그러나 여전히 감정을 드러내는 것을 조심스러워했고, 갈등이 생기면 스스로를 몰아붙였다.

7년 차가 된 민준은 이제 다르다. 회의에서 누군가 망설이면 "그 아이디어 나쁘지 않은 것 같아요"라고 자연스럽게 말을 잇는다. 피드백을 받을 땐 "좋은 지적이에요. 그 부분은 저도 느꼈어요"라고 말한다. 실수한 동료에게는 "다 괜찮아. 내가 그거 비슷하게 실수한 적도 있어"라고 말하며 눈치를 덜어준다.

그리고 민준의 선배, 영업지원 팀의 정훈 차장은 민준이 처음 입사했을 때부터 한결같이 따뜻한 사람이었다. 말보다 먼저 반응하고, 행동보다 먼저 분위기를 읽던 그 사람. 그는 지금도 "팀워크는 말이 아니라 온도에서 시작된다"고 말한다.

조직은 그런 사람을 기억한다. 감정의 무게를 덜어주는 사람, 관계의 긴장을 풀어주는 사람. 그들이 바로 오래가는 사람들이다.

회사는 단기 성과로 평가되는 공간이지만, 신뢰는 장기 감정으로 쌓인다. 어떤 프로젝트를 맡았는지보다, 그 프로젝트를 할 때 그 사람이 어떤 분위기를 만들었는지를 조직은 더 오래 기억한다.

말은 잊히지만 말투는 기억된다. 결과는 묻히지만 반응은 남는다. 실수는 흐려지지만 감정의 흔적은 뚜렷이 남는다. 그렇기에 오래가는 사람은 결국, 매일의 말투와 감정 반응을 의식하는 사람이다. 그들은 조직의 리듬을 망치지 않고, 사람들의 정서를 건드리지 않으며, 때로는 말 없이 안정을 만든다.

지금 당신이 조금 느리고, 아직 서툴더라도 괜찮다. 중요한 건 어떤 말을 했느냐가 아니라 그 말에 어떤 온도를 담았느냐다. 그리고 그 온도는 연차가 늘어날수록 조금씩 부드러워지고, 더 깊어지고, 따뜻해진다.

성공이 무엇이냐고 묻는다면, 나는 이렇게 대답하겠다.

"당신과 일할 때, 마음이 편했어요."

그 말을 듣는 사람이 되는 것. 그것이야말로 진짜 오래가는 사람의 증거다.

◇ 상호작용 리듬 만들기

관계는 말로만 만들어지지 않는다. 오히려 말과 말 사이에 놓인 태도, 리액션, 표정, 타이밍이 더 많은 메시지를 전달한다. 그리고 그 태도들은 하나씩 쌓여 '상호작용의 리듬'을 만든다. 내가 던진 리액션 하나가 상대방의 다음 말을 부드럽게 만들고, 내가 보인 태도 하나가 조직 내 흐름의 물살을 바꾼다.

나의 반응	동료의 반응 또는 분위기 변화
피드백에 "네, 알겠습니다"만 반복함	동료가 더 이상 조언을 주지 않음, 대화의 깊이가 얕아짐
회의 중 상대 의견에 고개를 끄덕이며 메모함	"고맙다", "집중 잘해줘서 좋아"와 같은 긍정적 피드백이 자연스럽게 돌아옴
질문할 때 "혹시 괜찮으시다면…"으로 조심스럽게 말함	상대가 열린 자세로 반응하고, 대화가 단단해짐
팀원이 실수했을 때 "괜찮아요. 저도 실수해요"라고 덧붙임	실수한 동료가 위축되지 않고 다음 업무에 더 적극적으로 나섬
회의 후 "오늘 이 부분 배웠어요"라고 한마디 남김	동료가 '존중받았다'는 감정을 느끼고, 다음 피드백이 더 유연해짐

이런 작은 상호작용들이 반복되면, 나와 동료 사이에는 '감정의 반

사 신호' 같은 것이 생긴다. 내가 건넨 표현이 따뜻했는지, 혹은 무심했는지를 상대방은 언어가 아닌 분위기로 먼저 알아챈다. 결국 상호작용의 리듬은 '무엇을 말했는가'보다 '어떻게 반응했는가'에서 시작된다.

이 리듬을 잘 만들기 위한 핵심은 다음 세 가지다.

첫째, 태도가 말보다 먼저다.
말하기 전에 '내 표정과 리액션은 어떤가?'를 점검해 보자. 말의 내용보다 먼저, 표정과 반응이 분위기를 만든다.

둘째, 감정을 주고받는 순환 구조를 만들자.
내가 반응한 방식이, 다음 대화를 어떻게 이어갈지를 스스로 관찰해 보자. 작은 긍정적 반응 하나가, 관계의 흐름을 부드럽게 바꾼다.

셋째, 관계는 흐름이다.
말을 잘 못 하더라도, 상대의 흐름을 끊지 않고 이어가는 태도 하나로 신뢰는 자라난다. 관계는 정답을 말하는 것이 아니라 흐름을 함께 만들어 가는 것이다.

[팁(TIP)]

리액션은 단순한 예의가 아니다. 리액션은 상대와의 연결을 시작하는 '예열의 기술'이다. 우리가 말하는 태도란, 그저 무표정하게 일만 잘하는 사람이 아니라 관계의 미세한 공기를 감지하고 부드럽게 반

> 응하는 섬세한 근육이다. 작은 리액션 하나로 관계의 온도를 바꿀 수 있다. 그리고 그 온도가 결국, 당신이 팀에서 오래 남을 수 있는 바탕이 된다.

◇ 감정에서 관계로, 관계에서 신뢰로

일을 잘하는 사람이 반드시 오래 남는 것은 아니다. 오히려 팀 안에서 오래 살아남는 사람들을 보면 공통점이 있다. 말보다 반응이 부드럽고, 실력보다 관계를 단단하게 만든다.

목소리는 크지 않지만 듣는 태도가 깊고, 앞에 나서기보다 상황의 온도를 먼저 읽는다. 의견을 내기보다 경청하고, 갈등이 생겨도 말의 방향을 부드럽게 틀어 분위기를 조율한다. 이들은 눈에 띄지는 않지만 팀을 묶어주는 '관계의 중력'을 가진 사람들이다. 그 중력이야말로 조직 안에서 오래 버틸 수 있는 가장 현실적인 기반이 된다.

3장을 돌아보면 우리는 하나의 중요한 사실을 깨닫게 된다. 회사에서 우리가 가장 자주 마주하는 것은 일이 아니라 사람이다. 일은 기술로 풀리지만, 사람은 감정으로 반응한다. 감정이 겹치면 관계가 흔들리고, 감정이 이해로 이어지면 신뢰로 깊어진다. 결국 감정을 다룬다는 것은 단지 나의 심리를 관리하는 것이 아니라 관계를 설계하는 능력을 갖춘다는 의미다. 감정의 파동을 예민하게 감지하고, 그 진동을 부드럽게 다듬는 사람만이 신뢰를 잇는 다리 역할을 할 수 있다.

내가 본 것이 전부가 아닐 수 있다는 여유, 첫인상이 줄 수 있는 오해를 조심하는 태도, 피드백을 감정이 아니라 기대의 신호로 해석하는 해석력, 그리고 말보다 분위기를 먼저 조율하는 언어 감각. 이 모든 것은 특별한 재능이 아니라 오늘부터 당장 실천할 수 있는 감정의 기술이다. 말의 양보다 말의 리듬이 중요하고, 화려한 언변보다 타이밍과 표정, 반응이 더 깊은 인상을 남긴다. 관계는 대화의 양으로 만들어지는 것이 아니라 그 안에 담긴 태도와 맥락의 조화로 형성된다.

회사는 결국 사람과 함께 일하는 공간이다. 일은 혼자서 해낼 수 있지만, 회사생활은 함께해야 완성된다. 그래서 관계를 유지하고 신뢰를 쌓는 사람은 말을 잘하는 사람이 아니라 적절한 순간에 반응하고 분위기를 부드럽게 잇는 사람이다. 말이 없더라도 리액션 하나로 팀의 공기를 따뜻하게 만들고, 짧은 피드백 하나로 서로의 거리를 좁힐 수 있다. 그런 사람이 결국 기억에 남는다. 조직에서 오래 남는 사람은 늘 앞에 서는 사람이 아니다. 부드럽게 연결하고, 긴장을 낮추고, 어긋난 관계를 다시 이어 붙이는 사람이 더 오래 남는다.

말보다 먼저 신경 써야 할 것은 마음이다. 센스 있는 한마디보다 일관된 태도, 무거운 공기를 덜어내는 감정의 조율력, 갈등을 흡수하는 말의 온도. 그 모든 작지만 강력한 감정의 기술이 쌓여서 결국 한 사람을 '함께하고 싶은 사람'으로 만든다. 회사생활에서의 관계는 실력의 부속물이 아니라 생존의 방식이다. 실력만으로는 버틸 수 없다. 함께하고 싶은 온도를 지닌 사람만이, 결국 회사라는 긴 여정에서 살아남는다.

서툴러도 괜찮다. 감정이 부딪히고 말이 꼬이는 순간에도, 한 번 더 유연해지려는 의지가 있다면 우리는 충분히 연결될 수 있다. 관계의 기술은 결국 타인을 바꾸는 것이 아니라 내가 먼저 열리는 데서 시작된다. 그 열린 태도가 감정의 흐름을 회복시키고, 단절된 신뢰를 다시 연결해 준다. 서툰 관계 속에서도 포기하지 않고, 조금씩 나를 열어가려는 마음. 그게 결국 사람을 남게 하고, 관계를 살게 한다.

회사의 중심은 프로젝트가 아니라 사람이다. 관계의 핵심은 정답이 아니라 온도다. 말을 조심하는 사람이 아니라 마음을 다룰 줄 아는 사람. 바로 그 사람이 팀 안에서 오래 남는 사람이다. 감정을 이해하고, 관계의 흐름을 조율하며, 무너지더라도 다시 회복할 줄 아는 사람. 그 사람이 결국, 조직 안에서 잊히지 않는 사람이 된다. 실력은 기억에서 흐릿해질 수 있어도, 마음을 다루었던 온도는 오래 남는다.

지속성장

4장

나답게
오래 일하는 법

회사를 다니다 보면 문득 깨닫게 되는 순간이 있다. 처음 입사했을 때의 긴장과 열정은 어느새 익숙함에 묻히고, 반복되는 일상 속에서 스스로를 잃어버릴 것 같은 기분이 든다. 처음엔 하루하루 배우는 재미로 버텼지만, 시간이 지나면서 익숙해진 루틴이 오히려 지루함과 무력감으로 변해간다. '이 일이 정말 나에게 맞는 걸까?', '나는 지금 잘 가고 있는 걸까?' 매일 바쁘게 움직이면서도, 속으로는 방향을 잃어버린 것 같은 불안이 자라난다.

회사생활은 시작보다 오래 버티는 것이 더 어렵다. 새로운 환경에 적응하는 일도 어렵지만, 한곳에 오래 머물면서도 나를 잃지 않는 일은 더 어렵다. 익숙함은 편안함을 주지만, 동시에 나를 무디게 만든다. 매일 반복되는 일상 속에서, 어느 순간 나는 '생존'만 하고 있을 뿐 '성장'은 멈춘 듯한 기분을 느끼게 된다. 그리고 그때부터가 진짜 회사생활의 두 번째 시작이다. 버티기 위한 일상이 아니라 나를 지키면서 성장하기 위한 일상의 재구성이 필요해진다.

4장은 바로 그 두 번째 시작에 대해 이야기하려 한다. 익숙함이 흔들릴 때, 우리는 어떤 마음으로 다시 중심을 잡아야 하는지. 버티는 것과 무너지는 것 사이에서 어떻게 나만의 리듬을 만들 수 있는지. 환경이 바뀌고, 방식이 달라질 때, 나는 어떻게 나를 유연하게 조율할 수 있을지. 그리고 이 모든 과정을 통해 어떻게 '오래 일하는 사람'이 아니라 '나답게 오래 일하는 사람'이 될 수 있을지.

익숙함은 처음엔 우리를 안심시키지만, 시간이 지나면 오히려 우리를 방심하게 만든다. 변화를 감지하지 못하고, 나태해지거나 무기력해지기 쉽다. 그래서 진짜 오래가는 사람은 변화를 먼저 알아차리는 사람이다. 눈에 보이는 결과보다 흐름을 읽고, 지금 이 순간 무엇을 준비해야 할지를 직감하는 감도를 키우는 사람. 그런 사람이야말로 회사라는 거대한 물살 속에서도 자신만의 항로를 잃지 않고 나아갈 수 있다.

지금까지는 '일을 잘하는 법'을 고민했다면, 이제부터는 '어떻게 오래 일할 것인가'를 고민해야 할 때다. 오래 일한다는 것은 단순히 자리를 지킨다는 의미가 아니다. 변화에 무너지지 않고, 감정에 휩쓸리지 않고, 매일 조금씩 나를 다듬으며 성장하는 것을 뜻한다. 나를 닮게 하는 익숙함에 안주하지 않고, 나를 갉아먹는 무력감에 무너지지 않는 것. 그것이 진짜 지속성장이고, 그것이야말로 회사생활의 본질이다.

이 장에서는 익숙함이 무너질 때 우리는 왜 흔들리는지, 감도를 키운다는 것은 무엇인지, 일하는 방식이 달라질 때 나도 어떻게 달라져야 하는지, 오래 다니는 사람들은 무엇이 다른지, 그리고 회사라는 공간에서 나를 잃지 않고 나를 지켜내는 방법은 무엇인지, 그 다섯 가지 중요한 질문을 함께 풀어가려 한다. 이 질문들은 단지 커리어를 위한 것이 아니라 삶을 위한 질문이기도 하다.

회사를 오래 다닌다는 것은 단순히 시간의 문제가 아니다. 그것은 나 자신을 잃지 않고, 나다움을 지켜가며 살아내는 과정이다. 그리고 그 과정은 결코 빠르거나 화려하지 않다. 느리고 조용하지만, 매일매일 이어지는 작은 선택들이 쌓여 결국 '나답게 오래 일하는 사람'을 만든다.

지금 당신이 조금 지쳤더라도 괜찮다. 아직 방향이 흐릿해 보여도 괜찮다. 중요한 건, 익숙함 속에서도 나를 잃지 않겠다는 다짐이다. 성장이라는 이름으로 스스로를 몰아붙이는 것이 아니라 내 리듬을 지키며 조금씩 나아가려는 태도다. 그리고 그 태도를 가진 사람만이, 결국 이 긴 회사생활이라는 여정을 자기답게 완주할 수 있다.

4-1. 익숙함이 흔들릴 때

회사를 다니다 보면 어느 순간, 내가 당연하게 여겨왔던 것들이 조금씩 흔들리기 시작한다. 내가 잘해왔던 방식, 믿고 있던 관계, 반복되어 익숙해졌던 루틴, 그 모든 것들이 마치 낡은 의자처럼 삐걱거리기 시작하고, 나는 그 흔들림 앞에서 당황한다.

처음 입사했을 때는 모든 게 낯설어서 조심스러웠지만, 시간이 지나면 나만의 흐름과 패턴이 생기고, 어느 정도 조직에서의 위치도 잡히는 것 같았는데, 어느 날 갑자기 그 균형이 무너진다. 팀이 개편되고, 함께 일하던 동료가 나가고, 믿고 따르던 상사의 피드백이 날카로워지고, 이전까지 문제없던 방식이 이제는 부족하다는 이야기를 듣는다. 나는 분명히 예전처럼 일하고 있는데, 세상이 달라진 것 같고, 내가 쌓아온 감각과 능력이 갑자기 무력해진 기분이 든다.

그때 느끼는 감정은 혼란, 불안, 억울함, 당황스러움이 뒤섞인 복합적인 것이다. 한 가지가 아니다. 내가 틀렸다는 걸 인정하고 싶지는 않지만, 뭔가 어긋난 건 분명하고, 주변에 묻고 확인할 수 없는 묘한 고립감이 몰려온다.

'이 일이 더 이상 내 일 같지 않다'는 생각이 들어도, 그 감정을 밖으로 내보일 수 없다. 어쩌면 이건 일시적인 기분일 수도 있다고, 혹은 내가 예민해서 그런 거라고 스스로를 다독이지만, 마음속 깊은 곳에서 자꾸 경고음이 울린다. '지금 뭔가 불편해지고 있다.'

우리는 익숙함에서 위안을 얻는다. 매일 출근하는 길, 아는 얼굴, 익힌 방식, 나만의 템포. 그것들이 나를 '괜찮은 상태'로 유지시켜 준다. 하지만 환경은 끊임없이 바뀌고, 조직의 구조나 기대치는 예고 없이 달라진다.

문제는 그 변화가 '명확하게 설명되지 않는 방식'으로 다가온다는 것이다. 누군가는 이유 없이 차가워지고, 회의 분위기가 어색해지고, 나를 향한 기대치가 더 높아지거나, 반대로 묵묵히 지나치는 일들이 생긴다. 눈에 띄지는 않지만 분명히 공기가 변했다는 걸 감지하게 되고, 나는 점점 더 말을 아끼고, 웃음을 줄이며, 나를 보호하기 위한 무언의 방어선을 만들기 시작한다.

익숙함이 흔들릴 때, 우리는 스스로에게 묻게 된다. '내가 뭘 놓친 걸까?', '지금 내가 잘못하고 있는 건가?', '예전의 나로는 안 되는 걸까?' 이 질문은 단지 실무적인 피드백을 넘어, 존재 자체에 대한 의심으로 이어진다. 그리고 그것이 감정을 더 깊은 불안으로 끌고 간다. 자신감은 사라지고, 불필요한 긴장이 어깨를 무겁게 하고, 작은 실수에도 심장이 빨라지고, 아무도 뭐라 하지 않았는데도 자꾸 눈치를 보게 된다. 나 자신을 증명해야 할 것 같은 기분이 계속되고, 어느 순간 나는 내가 나를 의심하고 있다는 걸 깨닫는다.

이럴 때일수록 우리는 '이전의 나'로 돌아가려는 욕구를 느낀다. 익숙했던 방식으로, 안정됐던 감정으로, 스스로를 되돌려 놓고 싶어진다. 하지만 진짜 회복은 과거로 돌아가는 것이 아니라 변화된 현실 속에서 나를 다시 조율해 가는 과정이다. 익숙함이 흔들렸다는 건, 환경이 바뀌었고 내가 더 성장해야 할 지점이 왔다는 신호다. 그 신호를 무시하지 않고, 직면하는 사람만이 다음 단계로 넘어갈 수 있다.

나는 나만의 루틴을 돌아본다. 매일 하던 방식은 여전히 나에게 익숙하고 편하다. 하지만 지금 이 변화된 환경에서는 새로운 기술, 새로운 커뮤니케이션, 다른 리듬이 필요하다. 나의 안정은 내 안에 있지만, 그 안정이 고여있는 정적이 아니라 흐름 속에서의 조율로 완성된다는 걸 배워야 한다. 변화를 받아들이는 건 무기력해지는 것이 아니라 나 자신을 다시 세우는 기회다.

그리고 중요한 건, 이 흔들림을 '위기'가 아니라 '리셋'의 기회로 받아들이는 태도다. 나는 다시 관찰하고, 다시 경청하고, 다시 감정의 무게를 조정한다. 더 이상 '왜 이런 일이 생겼는가'만을 묻지 않고, '이 변화 속에서 나는 어떻게 반응할 수 있을까'를 고민한다. 내가 감정적으로 흔들린다는 건, 그만큼 나에게 중요한 가치를 건드리는 변화가 일어났다는 뜻이고, 나는 지금 그 중심을 다시 찾아가는 중이라는 사실을 스스로에게 말해줘야 한다.

회사는 늘 변화한다. 역할이 달라지고, 관계의 결이 바뀌고, 기대치는 더 높아지며, 나를 둘러싼 공기의 흐름도 예전 같지 않다. 하지만 그 안에서 나를 유지하기 위해 필요한 건, 과거의 익숙함에 매달리는 것이 아니라 지금의 낯섦을 받아들이는 유연함이다. 내가 바뀌어야 한다는 말은 아니다. 나는 나를 유지하되, 새로운 환경 속에서 나의 감정과 에너지를 새롭게 재배치하는 것이다.

나는 더 이상 어제의 방식만으로 일하지 않는다. 나는 오늘의 환경을 이해하고, 그 안에서 나의 리듬을 다시 찾는다. 그것이 익숙함이 흔들리는 시대를 살아가는 사람의 태도다. 나는 바람이 불어도 중심을 잃지 않는 나무처럼, 유연하지만 무너지지 않는 근육처럼, 그렇게 회사라는 변화의 흐름 안에서 나를 유지하고 있다. 그리고 그 중심이 있는 한, 나는 어떤 흔들림에도 다시 균형을 찾을 수 있을 것이다.

◇ 마음속 내면의 대사 정리

우리는 변화 앞에서 종종 이런 말들을 스스로에게 되뇌곤 한다. 겉으로는 괜찮은 척해도, 마음속에는 수많은 내면의 대사가 오간다. 이 작은 속삭임들은 변화를 마주할 때마다 우리의 마음속에서 끊임없이 움직이며, 때로는 불안을 키우고, 때로는 성장을 부른다.

마음속 말	감정의 뿌리	성장의 가능성
지금 바꾸면 늦는 건 아닐까?	기회 상실에 대한 불안	새로운 타이밍을 만날 수 있는 유연성
이 길이 정말 맞는 걸까?	방향에 대한 혼란	기존 경로를 재확인하고 리디자인할 수 있는 기회

지금까지 해온 걸 버리는 것 같아.	성취의 부정	과거의 경험을 토대로 다음 단계를 설계할 수 있음
잘하고 있는데 굳이 바꿔야 할까?	현재에 대한 집착	더 나은 성장을 위한 작은 불편의 필요성
나만 뒤처질까 봐 겁나.	비교와 소외감	나만의 리듬을 찾을 수 있는 출발점

　이런 말들은 변화의 문 앞에서 누구나 품는 감정의 반응이다. 중요한 건 이 말들을 억누르거나 부정하는 것이 아니라 '해석'하는 일이다. 감정은 변화에 대한 실패의 징조가 아니라 변화가 지금 내 삶에 영향을 미치고 있다는 정직한 반응이다. 익숙함이 무너질 때 올라오는 불안과 혼란은, 나에게 변화가 필요한 시기가 왔음을 알려주는 신호다. 이 감정은 내가 둔감한 게 아니라 오히려 '변화에 민감하게 반응할 줄 아는 감각'을 가지고 있다는 뜻이다.

　변화는 누구에게나 두렵다. 하지만 두려움은 나쁜 것이 아니다. 오히려 두려움을 느끼는 만큼 우리는 이 순간을 진지하게 받아들이고 있고, 더 나은 방향을 고민하고 있다는 뜻이다. 변화를 두려워하는 마음은 사실 '더 나아지고 싶다'는 무의식의 표현일지도 모른다. 변화 앞에서 멈칫하는 건 용기가 없어서가 아니라 그만큼 내가 진지하게 나의 길을 점검하고 있다는 증거다.

【 팁(TIP) 】

변화 앞에서 불안함을 느낀다면, 그것은 실패의 조짐이 아니라 내 안의 감각이 살아있다는 신호다. 불안을 억누르려 하지 말고, 조심스럽게 바라보자. 불안은 나를 멈추게 하려는 감정이 아니라 나를 새롭게 정비하라는 내면의 메시지다.

"지금 느끼는 불안은 나를 멈추게 하는 것이 아니라 나를 다시 성장의 길로 이끄는 지도다."

4-2. 감도로 버티기

회사를 오래 다니다 보면 '일을 잘하는 것'과 '오래 버티는 것' 사이에는 미묘한 차이가 있다는 걸 알게 된다. 초반에는 단순히 실력이 좋으면 인정받고 오래 버틸 수 있을 거라 믿었다. 그러나 시간이 흐를수록 깨닫는다. 실력만으로는 버티기 힘든 순간들이 온다는 걸. 때로는 실력과 무관하게, 조직의 분위기나 흐름, 보이지 않는 관계의 미묘한 공기들이 나를 지치게 한다.

그러다 보면 마음 한구석에서 이런 생각이 스멀스멀 피어난다. '이 일을 계속할 수 있을까?', '이 조직 안에서 나는 어디쯤 서 있는 걸까?' 그런 불안과 흔들림 속에서 살아남기 위해 필요한 것은 단순한 끈기나 무작정 버티는 힘이 아니다. 그것은 감도, 즉 '흐름을 읽고 대응하는 민감한 감각'이다.

감도란 무엇일까? 감도는 눈에 보이지 않는 신호를 포착하는 능력이다. 공기의 미세한 변화를 감지하고, 사람들의 표정에서 분위기를 읽고, 팀의 흐름에서 무엇을 조심해야 할지, 언제 물러서야 할지, 언제 나서야 할지를 아는 감각이다. 감도는 단순히 빠르게 대응하는 능력이 아니다.

감도는 상황을 먼저 감지하고, 필요할 때는 조심스럽게 물러나고, 때로는 묵묵히 자리를 지키는 '존재의 리듬'이다. 감도가 높은 사람은 굳이 많은 말을 하지 않아도 존재감이 있다. 반대로 감도가 무딘 사람은 실력은 좋아도 조직 안에서 겉돌게 된다.

처음 입사했을 때 나는 감도라는 걸 몰랐다. 정답이 있는 문제를 잘 푸는 것, 시키는 일을 정확히 해내는 것, 상사의 기대를 맞추는 것이 전부라고 생각했다. 그러나 시간이 지나면서 알게 됐다. 같은 실수를 해도 어떤 사람은 이해받고 어떤 사람은 비난받는 이유, 같은 성과를 내도 어떤 사람은 기회를 얻고 어떤 사람은 소외되는 이유, 그것은 단순히 결과의 문제가 아니라 감도의 문제라는 것을.

감도가 높은 사람은 상황을 예민하게 읽는다. 상사의 말 한마디에서 숨은 뜻을 캐치하고, 팀장의 표정 변화에서 팀 분위기를 읽고, 동료의 작은 한숨에서도 팀워크의 균열을 느낀다. 그리고 이런 신호들을 조심스럽게 다듬어 관계를 조율하고, 흐름을 맞추고, 필요할 때는 조용히 물러서며 스스로를 조정한다. 그렇다고 모든 일에 민감하게 반응하는 것은 아니다. 감도가 높은 사람은 민감하되 요란하지 않다. 알아도 모르는 척, 느껴도 드러내지 않고, 타이밍을 기다릴 줄 안다. 그게 감도의 진짜 힘이다.

예를 들어, 마케팅팀 과장인 수현은 감도가 아주 높은 사람이었다. 회의 중 누군가의 말투가 조금 날카로워지면, 즉시 분위기를 환기시키는 가벼운 농담을 던졌다. 팀장이 피곤해 보이는 날은 굳이 긴 보고를

하지 않고, 핵심만 정리해 전달했다.

신입사원이 실수했을 때는 누구보다 먼저 다가가 "처음엔 다 그런 거야"라고 조용히 말했다. 수현은 대단한 성과를 내는 것도, 큰 목소리로 존재감을 드러내는 것도 아니었지만, 팀 안에서는 없어서는 안 될 존재로 여겨졌다. 그녀는 감도로 팀의 리듬을 맞추는 사람이었다.

반대로, 개발팀의 주임인 현우는 실력은 뛰어났지만 감도가 무뎠다. 프로젝트 성과는 좋았지만, 회의 때 분위기를 읽지 못하고 무심한 발언을 던져 팀의 긴장을 키웠다.

동료가 지쳐있을 때도 무심히 업무 지시를 하고, 피드백을 요청받아도 눈치를 보지 않고 바로 지적했다. 결국 그는 실력에 비해 평가가 좋지 않았고, 중요한 프로젝트에서 점점 배제되었다. 그에게 부족했던 것은 실력이 아니라 감도였다.

감도는 타고나는 것이 아니라 키워야 하는 것이다. 그리고 감도를 키우기 위해서는 세 가지 연습이 필요하다.

첫째, 관찰의 힘을 기르는 것이다.
말보다 표정을, 행동보다 분위기를 읽는 연습. 대화할 때 상대의 눈빛과 손짓, 말끝의 미세한 떨림까지 주목해 보자. 회의 중에도 발언 내용뿐 아니라 말하지 않는 사람들의 표정과 자세를 관찰해 보자. 감도는 이런 작은 관찰에서 자란다.

둘째, 맥락을 읽는 힘을 기르는 것이다.

지금 이 말이 왜 나왔는지, 이 행동 뒤에 어떤 배경이 있는지를 생각해 보자. 피드백을 받았을 때 단순히 말의 내용만 듣지 말고, 그 말이 나온 맥락을 읽어야 한다. 때로는 비판처럼 들리는 말도, 사실은 기대의 표현일 수 있다. 맥락을 읽으면 감정에 휘둘리지 않고 본질을 볼 수 있다.

셋째, 타이밍을 아는 힘을 기르는 것이다.

감도가 높은 사람은 타이밍을 알고 움직인다. 말을 해야 할 때와 침묵해야 할 때를 구분하고, 나설 때와 물러설 때를 구분한다. 때로는 침묵이 최고의 반응일 때가 있고, 때로는 조용한 관심이 큰 신뢰를 만든다. 감도란 결국, 타이밍을 알고 행동하는 민감한 리듬이다.

하지만 감도가 높아지는 만큼 피로도도 높아진다. 모든 분위기를 읽고, 모든 감정을 감지하다 보면 쉽게 지치고 무력감을 느낄 수 있다. 그래서 감도를 키우는 것만큼 중요한 것은, 내 감정을 관리하는 것이다. 모든 신호를 다 받아들일 필요는 없다. 중요한 신호와 흘려보낼 신호를 구분하고, 필요 이상의 감정 노동을 스스로 걸러내야 한다. 감도는 민감함과 무심함 사이를 오가는 균형 감각 속에서 비로소 건강하게 유지된다.

회사는 감정의 전쟁터다. 기대와 실망, 인정과 질투, 연대와 소외가 매일같이 교차한다. 그 안에서 오래 살아남기 위해서는 단순한 끈기나 노력만으로는 부족하다. 감정을 읽고, 분위기를 감지하고, 상황을 해석하는 감도가 필요하다. 그리고 그 감도는 하루아침에 만들어지지 않는다. 매일의 작은 관찰과 질문, 그리고 섬세한 조율의 반복 속에서 천천히 길러진다.

감도가 높다는 것은 곧 '관계의 온도'를 읽을 줄 안다는 뜻이다. 조직은 숫자나 성과로만 움직이지 않는다. 조직은 결국 사람들의 감정과 관계의 온도로 움직인다. 그리고 그 온도를 유지하거나 바꾸는 것은 뛰어난 성과가 아니라 섬세한 감도다.

조직에서 오래 살아남는 사람들은 자신만의 감도를 가진다. 그들은 불필요한 말을 줄이고, 상황을 읽고, 상대의 감정을 존중한다. 그리고 무엇보다 스스로의 감정도 존중한다. 버티기 위해 무작정 참는 것이 아니라 흐름을 읽고 나를 다독이며 살아남는다. 감도란 살아남기 위한 눈치가 아니라 오래 함께 가기 위한 따뜻한 지혜다.

◇ 조직 감도 체크 포인트

조직에서 오래 살아남는 힘은 단순히 성과만으로 만들어지지 않는다. 그보다 중요한 것은 '조직의 흐름을 읽는 능력', 즉 감도다. 지금 내가 속한 조직의 리듬을 잘 감지하고 있는지, 다음 다섯 가지 질문을 통해 조용히 점검해 보자. 각 질문 뒤에는 스스로를 돌아볼 수 있는 감정 해설과 상황 해석을 덧붙였다.

첫째, 팀장이 회의를 시작할 때 가장 먼저 누구에게 시선을 주는가?

시선은 힘의 방향을 보여준다. 팀장은 보통 가장 신뢰하는 사람, 혹은 논의의 흐름을 주도해 줄 사람을 먼저 바라본다. 회의가 시작될 때 팀장의 첫 시선을 관찰해 보자. 그 시선이 향하는 사람과 내가 맺고 있는 관계를 돌아보면, 현재 나의 조직 내 위치를 가늠할 수 있다. 내가 첫 시선을 받지 못한다고 위축될 필요는 없다. 다만 지금의 나를 조용히 점검하고, 신뢰를 쌓기 위해 어떤 태도가 필요한지 고민하는 기회로 삼자.

둘째, 피드백의 핵심이 말보다 표정과 침묵에 담겨있지는 않는가?

피드백은 말보다 분위기로 전달될 때가 많다. 짧은 말 뒤에 이어지는 침묵, 미묘하게 굳어지는 표정 속에 더 많은 메시지가 숨어있다. 감도가 높은 사람은 피드백을 받을 때 말의 내용뿐만 아니라 표정과 침묵을 함께 읽는다. 그리고 그 읽은 흐름을 과잉 해석하거나 오해하지 않고, 차분히 스스로를 돌아보는 데 사용한다. 감정적 반응보다 맥락 읽기가 먼저다.

셋째, 회의 중 정적이 흐를 때 먼저 말을 꺼내 분위기를 푸는 사람은 누구인가?

회의 중 정적은 조직의 긴장을 반영한다. 아무도 말을 꺼내지 않는 순간, 누군가는 용기를 내어 흐름을 다시 잇는다. 그 역할을 하는 사람이 누구인지 살펴보자. 그리고 나 자신은 어떤가? 나는 침묵 속에 숨는 편인가, 아니면 조심스럽게라도 분위기를 연결하려 노력하는가? 회의 중의 작은 리액션, 질문 한마디가 조직 내 존재감을 바꾸는 시작이 될 수 있다.

넷째, 사내 메신저의 어투는 공식적인가, 아니면 대화하듯 자연스러운가?

조직의 분위기는 메신저 창에서도 드러난다. 메신저의 어투가 공식적이고 딱딱하다면 긴장감이 높은 조직일 가능성이 크고, 반대로 대화하듯 자연스럽다면 소통이 활발한 문화일 확률이 높다. 중요한 건, 그 어투에 나도 자연스럽게 맞추고 있는가다. 조직의 언어 리듬에 무심코 역행하면, 좋은 성과에도 불구하고 이질감을 줄 수 있다. 언어의 뉘앙스 하나까지 섬세하게 맞추는 것이 감도를 높이는 기본이다.

다섯째, 회식 자리에서 자연스럽게 빠지는 사람과 눈치를 보는 사람의 차이는 무엇인가?

회식은 공식적이지 않은 자리지만, 조직 감도를 파악하기에 가장 좋은 무대다. 자연스럽게 빠질 수 있는 사람은 평소 신뢰가 쌓여있거나, 관계 관리가 충분히 되어있는 사람이다. 반면 눈치를 보는 사람은 아직 자신에 대한 신뢰가 충분히 쌓이지 않았다고 느끼는 경우가 많다. 회식 자리 하나에도 조직 내 감정의 온도와 신뢰의 리듬이 숨어있다. 무심코 넘기지 말고, 그 미세한 차이를 읽어내자.

〖 팁(TIP) 〗

눈치는 타인의 반응을 두려워해 내 행동을 움츠리는 방식이다. 반면 감도는 상황의 맥락을 섬세하게 읽고, 그에 맞춰 나의 표현 방식을 유연하게 조율하는 기술이다. 감도는 '맞추기' 위해 노력하는 것이 아니라 '자연스럽게 흐르기' 위해 노력하는 것이다. 조직문화는 매뉴

> 얼처럼 암기할 수 있는 것이 아니라 리듬처럼 느끼고 따라야 하는 것이다. 감도가 높은 사람은 룰을 외우기보다 분위기를 감지하고, 그 흐름 안에서 자신만의 자리를 자연스럽게 만들어 낸다.
>
> "눈치를 보는 사람은 관계에 눌리지만, 감도를 가진 사람은 관계 안에서 자연스럽게 리듬을 만든다."

4-3. 방식이 달라지면 나도 달라진다

처음 회사를 다닐 때는, 정해진 방식이 있고, 그 방식을 정확히 따르는 것이 성공이라고 믿었다. 매뉴얼처럼 업무 프로세스를 익히고, 선배들이 알려준 규칙을 충실히 따르면 금세 인정받을 수 있을 것 같았다. 하지만 시간이 지날수록 깨닫게 되었다.

회사에는 정해진 방식이 없다. 어제 통하던 방법이 오늘은 먹히지 않고, 누군가에겐 효과적이던 방식이 다른 누군가에겐 불편함이 된다. 세상은 변하고, 조직은 변하고, 일하는 환경도 변한다. 그리고 그 변화는 늘 예상보다 빠르게 다가온다. 그런 변화 속에서 살아남기 위해 필요한 것은 기존 방식을 고수하는 완고함이 아니라 방식 자체를 유연하게 바꿀 수 있는 힘이다.

처음에는 낯설다. 익숙했던 방식을 내려놓는 일, 고쳐야 한다는 사실을 받아들이는 일, 그리고 새로운 방식을 익히는 일은 생각보다 큰 에너지를 요구한다. '나는 원래 이렇게 해왔는데', '지금까지 잘 해왔는데 굳이 바꿀 필요가 있을까?'라는 마음이 스멀스멀 올라온다. 그러나 변하지 않으면 멈춘다. 더 정확히 말하면, 변하지 않으면 어느 순간 조직 안에서 자연스럽게 밀려난다. 세상이 요구하는 것은 '지금 잘하는 사람'이 아니라 '변화에 맞춰 계속 진화할 수 있는 사람'이기 때문이다.

방식이 바뀐다는 것은 단순히 일하는 기술을 바꾸는 것을 넘어, 나 자신을 새롭게 구성하는 일이다. 관점을 달리해야 하고, 익숙한 효율성을 잠시 포기해야 하며, 실패를 겪어야 하고, 때로는 처음부터 다시 배워야 한다. 변화는 불편함을 동반한다. 그리고 그 불편함을 견디는 과정에서 우리는 조금씩 달라진다. 과거의 성공 공식을 고집하는 사람은 결국 오래가지 못한다. 시대가 변하고, 고객이 변하고, 동료가 변하는데, 나만 과거에 머물러 있을 수는 없다.

예를 들어, 과거에는 일 처리를 빠르게 하는 것이 최고의 미덕이었다. 신속함이 곧 능력의 상징이었다. 하지만 지금은 다르다. 속도보다 중요한 것은 '과정의 투명성'이고 '협업의 질'이다. 혼자 빠르게 해내는 것보다, 팀과 함께 진행 상황을 공유하고, 문제를 예방하고, 함께 해결책을 찾아가는 것이 더 높은 평가를 받는다. 방식이 달라졌다. 그런데 여전히 '나 혼자 빨리 끝내는 것'만을 목표로 삼는다면, 언젠가는 주변과 어긋나기 시작한다.

또 한 가지. 과거에는 상사의 지시에 따라 충실히 수행하는 것이 '이상적인 직원상'이었다. 묻지 말고 시키는 대로 잘하는 것. 그러나 지금은 다르다. 이제는 지시를 '이해'하고, 필요한 경우 '의견을 보태고', 때로는 '이의를 제기할 줄 아는' 사람이 더 신뢰를 얻는다. 받아쓰기보다는 대화가 필요한 시대다. 방식이 달라졌다. 그 변화를 감지하고, 내 사고방식과 행동방식을 함께 바꿀 수 있는 사람이 결국 살아남는다.

방식이 바뀐다는 것은 결국 질문의 방향이 달라진다는 것이다. 과거에는 '어떻게 하면 이 일을 빨리 끝낼 수 있을까'를 물었다면, 이제는 '이 일이 팀 전체에 어떤 영향을 줄까', '내가 지금 하고 있는 일이 앞으로 어떤 변화를 만들어 낼까'를 묻는다. 관점이 바뀌어야 방식이 바뀐다. 그리고 관점이 바뀌는 순간, 일하는 방식뿐만 아니라 관계를 맺는 방식, 생각하는 방식, 시간을 쓰는 방식까지 달라지기 시작한다.

방식이 달라지는 것을 두려워할 필요는 없다. 중요한 것은 '변해야 한다'는 강박이 아니라 '변화의 흐름을 읽고, 필요한 만큼 나를 조정할 수 있는 유연성'을 갖추는 것이다. 다 바꿀 필요는 없다. 나의 핵심 가치는 지키되, 일의 방식은 시대와 상황에 맞춰 조율할 줄 알아야 한다. 그렇게 조율하는 과정이 곧 성장이 된다.

기획팀의 지혜는 입사 초기에 뛰어난 기획력으로 주목받았다. 창의적인 아이디어, 빠른 실행력, 논리적인 구성. 하지만 시간이 지나면서 조직은 점점 팀워크를 강조하는 방향으로 변했다. 혼자 잘하는 것보다 팀과 함께 조율하는 능력이 중요해졌다. 처음에는 힘들었다. '왜 굳이 이렇게까지 맞춰야 해?'라는 생각이 들었다.

하지만 지혜는 방향을 바꿨다. 먼저 팀원들에게 기획 초안을 공유하고, 피드백을 받아 수정하는 과정을 늘렸다. 혼자 결정하지 않고, 중요한 포인트는 팀과 논의했다. 결과적으로 그녀는 개인 기획자의 이미지를 넘어, 팀 전체를 성장시키는 '조율자'로 자리 잡았다. 방식이 달라진 만큼, 그녀의 존재감도 달라졌다.

반면, 연구개발팀의 성훈은 여전히 혼자서 성과를 내는 방식을 고집했다. 팀 프로젝트에서도 자신의 파트만 완벽하게 끝내면 된다고 믿었다. 하지만 팀워크가 중요한 시대에 그의 방식은 점점 동료들과의 거리를 만들었다. 실력은 있었지만, 협업을 통한 시너지를 만들지 못했다. 결국 그는 좋은 성과를 내고도, 중요한 프로젝트에서 점점 배제되었다. 그의 실패는 실력이 부족해서가 아니라 방식을 바꾸지 못했기 때문이다.

방식이 바뀌면, 결과도 달라진다. 방식이 달라지면, 평가도 달라진다. 그리고 무엇보다, 방식이 달라지면 내가 느끼는 일의 의미가 달라진다. 예전에는 단순히 주어진 일을 끝내는 것이 목표였다면, 지금은 일 자체를 통해 배우고, 연결하고, 성장하는 것이 목표가 된다. 방식이 달라질 때, 일은 단순한 '노동'이 아니라 '자기확장'의 장이 된다.

우리는 가끔 '나는 원래 이런 사람인데'라는 말로 변화를 거부한다. 하지만 세상에 '원래부터 완성된 사람'은 없다. 우리는 끊임없이 변화하는 존재다. 특히 회사라는 공간에서는 더 그렇다. 업무의 방식, 소통의 방식, 평가의 방식, 리더십의 방식이 하루가 다르게 바뀌는 시대에, 나만 과거에 머무를 수는 없다.

방식을 바꾼다는 것은 단순히 살아남기 위해서만이 아니다. 그것은 더 나은 내가 되기 위한 선택이다. 더 유연하고, 더 깊이 있고, 더 단단한 나를 만들기 위한 과정이다. 변화하는 방식 속에서 우리는 새로운 가능성을 발견하고, 더 넓은 세계를 만날 수 있다.

◇ 일 방식 점검 툴킷

회사를 오래 다니다 보면 느끼게 된다. 문제는 일이 아니라 '일하는 방식'이라는 것을. 방식이 시대에 뒤처질 때, 아무리 좋은 실력도 빛을 잃는다. 지금 나는 변화를 따라가고 있는가, 아니면 과거의 습관에 머물러 있는가?

이 다섯 가지 질문을 통해 스스로를 점검해 보자. 그리고 그 안에 숨어있는 나의 감정 반응까지 함께 들여다보자.

첫째, 지금 내가 사용하는 업무 툴 중 6개월 전과 달라진 것이 있는가?

업무 툴은 단순한 도구가 아니다. 그것은 일의 사고방식과 흐름을 반영하는 거울이다. 예전에는 엑셀로 모든 걸 처리했다면, 이제는 노션, 슬랙, 협업 툴이 기본이 된 시대다. 그런데 나는 아직도 '원래 쓰던 방식'에만 머물고 있지는 않은가? 변화는 천천히 스며들지만, 거부하고 있으면 어느 순간 큰 격차로 돌아온다. 팀의 업무 도구가 바뀌었다면, 그것은 단순한 기술 변화가 아니라 '일하는 문화' 자체가 변하고 있다는 신호다. 나는 그 흐름에 유연하게 올라타고 있는가?

둘째, 새로 생긴 루틴이 내 일의 흐름에 어떤 영향을 주고 있는가?
루틴은 무의식적으로 일하는 패턴을 만든다. 매일 아침 이메일 체크, 오후 집중 시간, 주간 보고 루틴… 이런 일상의 반복 속에도 변화는 숨어있다. 최근 나에게 생긴 루틴이 나를 지치게 만드는가, 아니면 오히려 에너지를 끌어올리고 있는가? 루틴은 편안하지만, 때로는 '익숙함'이라는 이름 아래 정체를 가져온다. 나를 굳게 만드는 루틴은 과감히 수정해야 한다. 그리고 새롭게 생긴 작은 루틴들 속에서, 나만의 일 흐름을 다시 설계할 수 있어야 한다.

셋째, 반복적으로 '비효율적'이라고 느끼는 작업은 무엇인가?

회사에는 '늘 그렇게 해왔으니까'라는 이유로 존재하는 비효율이 많다. 그 작업은 정말 필요한가? 아니면 단지 누군가의 안심을 위해 유지되는 절차인가? 나는 내 업무 중 어떤 부분이 비효율적인지 인식하고 있는가? 그리고 그 비효율을 그냥 참고 넘기고만 있는가? 방식을 바꾸려면 먼저 질문해야 한다. '이 방식은 여전히 유효한가?'라는 질문을 멈추지 않는 사람만이, 더 나은 일의 흐름을 만들어 낼 수 있다.

넷째, 새로운 방식에 저항감을 느끼는 순간은 언제인가?

우리는 누구나 변화 앞에서 불편함을 느낀다. 그 불편함을 무조건 '거부'로만 받아들이지 말자. 새로운 회의 방식이 답답하게 느껴질 때, 너무 빠른 피드백 시스템이 부담스러울 때, 낯선 협업 도구가 어색할 때 그 감정 뒤에는 '변화에 대한 두려움'이 숨어있을 수 있다. 그 두려움은 '내가 무능해서'가 아니라 '익숙했던 방식이 흔들리고 있기 때문'이다. 그 순간을 무시하지 말자. 오히려 그 감정을 통해 지금 나에게 필요한 유연성을 찾아야 한다.

다섯째, 지금 내 일의 '핵심 시간'은 언제인가? 하루 중 가장 에너지가 살아나는 시간은 언제인가?

그 시간대를 나는 충분히 활용하고 있는가? 변화된 환경에서도 나만의 핵심 흐름을 지킬 수 있어야 한다. 단순히 바쁜 것과 생산적인 것은 다르다. 바쁜 일상에 파묻혀 흐름을 잃는 대신, 나의 최적의 리듬을 알아차리고, 그 시간을 지키는 연습이 필요하다. 핵심 시간을 지키는 건 자기관리가 아니라 자기존중이다.

【 팁(TIP) 】

일의 방식은 절대 '정답'을 찾는 게임이 아니다. 일의 방식은 '지금 내 리듬에 맞는 최적화된 흐름'을 찾아가는 여정이다. 낯선 도구, 새로운 프로세스, 다르게 일하는 동료를 만날 때 불편함을 느끼는 건 당연하다.

그 불편함은 실패가 아니라 변화의 시작 신호다. 감정적인 저항은 '변화에 적응하고 싶지만 두려운' 마음의 진실한 반응이다. 그 감정을 억누르거나 부정하지 말고, 있는 그대로 받아들이자. 그리고 조용히 묻자. '나는 지금, 어떻게 나를 새롭게 설계할 수 있을까?'

"변화는 처음엔 불편하지만, 결국 익숙함을 이기는 유일한 무기가 된다."

4-4. 오래 다니는 사람의 비밀

처음 회사에 들어가면 누구나 열심히 일한다. 누구보다 빠르게 일을 배우고, 실수를 줄이려 하고, 상사의 신뢰를 얻기 위해 노력한다. 그러나 몇 년이 지나면 뚜렷하게 갈라진다. 어떤 사람은 팀에서 중심이 되고, 어떤 사람은 조용히 사라진다. 어떤 사람은 계속해서 기회를 얻고, 어떤 사람은 점점 주변으로 밀려난다. 실력만이 차이를 만든 걸까? 아니다. 실력은 기본이다. 그 위에 무엇을 더 쌓았느냐가 결국 오래가는 사람과 그렇지 않은 사람을 가른다.

회사를 오래 다니는 사람은 겉으로는 특별히 화려하지 않다. 언변이 뛰어나지도, 모든 일을 완벽하게 처리하지도 않는다. 그런데 이상하게도, 사람들이 그 사람 주변으로 모인다. 위기 상황에서도 그의 말에 귀를 기울이고, 프로젝트가 어려워질 때 가장 먼저 그의 조언을 구한다. 그는 언제나 조용히, 그러나 단단히 제자리를 지킨다. 그 비밀은 바로 '관계의 기술'과 '감정의 회복력'에 있다.

회사는 프로젝트로만 움직이지 않는다. 결국 사람과 사람 사이의 연결이 회사의 에너지를 만든다. 실수할 수도 있다. 성과가 기대에 못 미칠 수도 있다. 하지만 그런 순간에도 관계를 유지하고, 신뢰를 잃지 않는 사람이 살아남는다. 성과가 뛰어나도 사람들의 신뢰를 잃으면, 오래 버틸 수 없다. 반면 조금 부족하더라도, 사람들과의 관계를 소중히 여기는 사람은 언제나 다시 기회를 얻는다.

오래 다니는 사람의 공통점은 무엇일까?

첫째, 감정을 개인화하지 않는다.
상사의 날 선 피드백, 동료의 냉정한 반응, 때로는 억울한 오해에도 쉽게 무너지지 않는다. 왜냐하면 그들은 안다. 회사는 개인적인 공간이 아니라는 것을. 감정의 소용돌이에 휘말려 스스로를 소모하지 않는다. 필요한 만큼만 받아들이고, 불필요한 감정은 흘려보낸다. 자기감정을 너무 꽉 움켜쥐지 않기에, 다시 일어설 수 있다.

둘째, 관계를 적절한 거리에서 유지한다.
모든 사람과 친해지려 애쓰지 않는다. 하지만 필요한 신뢰는 반드시 쌓는다. 동료들과 가볍게 웃을 수 있고, 필요한 순간엔 진지하게 소통할 줄 안다. 회사에서의 관계는 친구 관계와 다르다는 것을 이해한다. 감정적으로 휘둘리지 않고, 그렇다고 지나치게 벽을 세우지도 않는다. 그 미묘한 거리감 조절이 관계를 오래 지속시키는 비결이다.

셋째, 변화를 빠르게 감지하고, 스스로를 조율할 줄 안다.
조직은 항상 변한다. 팀장이 바뀌고, 프로젝트가 바뀌고, 평가 기준이 바뀐다. 그 변화에 저항하기보다, 흐름을 읽고 필요한 만큼 스스로를 바꾼다. '나는 원래 이런 사람이야'라고 고집하지 않는다. 자신의 강점을 잃지 않으면서도 시대와 조직의 요구에 유연하게 대응한다.

넷째, 스스로를 돌보는 기술을 갖추고 있다.

번아웃을 무시하지 않는다. 지칠 때는 조용히 속도를 늦추고, 필요할 때는 스스로를 치유하는 시간을 갖는다. 무조건 버티는 것이 아니라 자신을 관리하는 방법을 안다. 그리고 이 자기 관리 능력이 결국 롱런의 힘이 된다.

예를 들어보자. 관리팀의 소연은 입사 초기부터 야무진 일 처리로 주목받았다. 하지만 초반의 열정은 점차 피로로 바뀌었고, 성과를 내는 만큼 주변과의 갈등도 늘어갔다. 소연은 늘 자신이 옳다고 믿었고, 타인의 피드백을 방어적으로 받아들였다. 시간이 흐르면서 그녀는 '일은 잘하지만 같이 일하기 불편한 사람'이라는 인상을 남겼다. 결국 결정적인 프로젝트에서 제외되고 말았다.

반면, 같은 팀의 민수는 눈에 띄는 성과는 없었지만, 꾸준히 관계를 다듬어 갔다. 회의가 길어질 때도 얼굴을 찌푸리지 않았고, 실수를 지적받아도 겸손하게 받아들였다. 회식 자리에서도 분위기를 살리려 노력했고, 동료들의 어려움을 조용히 챙겼다. 시간이 흐르면서 사람들은 민수에게 더 많은 이야기를 꺼냈고, 결국 중요한 프로젝트를 이끌 기회를 얻었다. 민수의 비밀은 뛰어난 스킬이 아니라 태도에 있었다.

오래 다니는 사람은 결국 '버틴 사람'이 아니다. '흘러간 사람'이다. 감정을 흘리고, 관계를 흘리고, 변화를 흘리며 자연스럽게 자기 자리를 지킨 사람이다. 그들은 상황에 끌려가는 것이 아니라 스스로를 조율하며 움직인다. 감정적으로 폭발하지 않고, 관계에서 극단으로 치닫지 않으며, 변화를 두려워하지 않는다. 그래서 힘들어도 견딘다. 그리고 결국 남는다.

그러니 회사생활에서 '성공'보다 중요한 것은 '지속'이다. 잘하는 사람보다 오래 하는 사람이 강하다. 그 지속의 힘은 끊임없이 나를 조율하는 능력, 무너진 감정을 복원하는 능력, 관계의 균열을 다시 연결하는 능력에서 나온다. 회사는 완벽한 사람을 원하지 않는다. 흔들려도 다시 중심을 잡을 줄 아는 사람, 어긋나도 다시 소통할 줄 아는 사람, 지쳐도 다시 걸을 줄 아는 사람을 원한다.

변화를 거부하지 말자. 감정을 억누르지 말자. 관계를 포기하지 말자. 그저 그 안에서 조금씩 방향을 다듬고, 내 마음의 리듬을 잃지 말자. 오래 버티는 것은 고통을 참는 일이 아니다. 스스로를 조율하고, 다시 흐르게 만드는 것이다.

지금 이 순간, 내가 조금 지쳐있다면 괜찮다. 내가 흔들리고 있다면 괜찮다. 중요한 것은 다시 중심을 잡으려는 의지다. 오래 다니는 사람은 늘 완벽했던 사람이 아니다. 서툴면서도, 흔들리면서도, 포기하지 않았던 사람이다.

회사는 실력을 보지만, 결국은 사람을 본다. 그리고 그 사람의 깊이를 만드는 것은 기술이 아니라 감정과 관계를 다루는 방식이다. 오래가는 사람은 알고 있다. 기술은 업데이트되지만, 신뢰는 쌓이는 것임을. 그래서 그들은 매일 조금씩 성장한다. 실수해도 괜찮다. 버벅거려도 괜찮다. 중요한 건 다시 흐르려는 마음이다.

회사의 시간은 빠르게 흘러간다. 하지만 그 안에서 천천히, 단단히 자리를 잡아가는 사람이 결국 마지막까지 살아남는다. 실력은 가끔 운에 따라 뒤바뀔 수 있다. 하지만 신뢰는, 관계는, 감정의 회복력은 결코 하루아침에 만들어지지 않는다. 그것이 바로 오래 다니는 사람만이 갖게 되는 진짜 비밀이다.

◇ 정년퇴직한 선배들의 공통조언

회사를 다니다 보면 어느 순간 깨닫게 된다. 성장은 눈에 잘 보이지 않는다는 것을, 인정은 하루아침에 만들어지지 않는다는 것을. 그리고 무엇보다 오래 살아남는 사람이 결국 승리한다는 것을. 회사라는 공간은 눈에 띄는 성과보다, 버티고 견디며 관계를 다듬는 사람을 기억한다. 조직은 빠른 승부보다 긴 호흡의 지속력을 요구한다. 이 사실을 먼저 깨달은 사람들은 다음과 같은 말을 우리에게 남긴다.

첫째, "일은 결국, 오래 버티는 사람이 이기는 거야."
처음에는 속도전처럼 느껴진다. 누가 더 빠르게 성과를 내느냐, 누가 더 빨리 승진하느냐. 그러나 시간이 지날수록 알게 된다. 진짜 승자는 성과를 내는 사람만이 아니라 성과가 없을 때도 버텨낸 사람이라는 것을. 프로젝트가 실패하고, 팀이 바뀌고, 조직의 방향이 흔들려도 묵묵히 자리를 지킨 사람. 그 사람이 결국 기회를 잡는다. 일은 일시적이지만, 자리를 지키는 힘은 지속적이다.

둘째, "하루하루 무너지지 않고 출근하는 것도 능력이야."

매일 아침 출근하는 일이 별거 아닌 것처럼 보이지만, 실제로는 가장 어려운 일이다. 지치고, 흔들리고, 때로는 무의미함에 휩싸이면서도 다시 자리를 지키는 것. 그 일상의 반복 속에서 감정이 닳지 않고, 태도가 가라앉지 않는 것. 그것은 엄청난 정신력이다. 그리고 이 작고 단단한 반복이 결국 사람을 만든다.

셋째, "성장은 눈에 보이지 않아도 계속되고 있어."

당장 보이는 실적이 없어도, 칭찬받지 않아도, 조용히 쌓이는 성장이 있다. 오늘 배운 작은 기술 하나, 오늘 넘긴 작은 위기 하나, 오늘 다독인 감정 하나가 모여서 나중에 큰 힘이 된다. 성장하는 사람은 늘 조용하다. 겉으로 드러나지 않아도, 안에서 조금씩 달라지고 있다. 그것을 믿어야 한다. 지금 변화가 보이지 않는다고 해서, 변화가 일어나지 않는 것은 아니다.

넷째, "잘해서 남는 게 아니라 잘 버텨서 남는 거야."

성과는 순간이지만, 관계는 시간이다. 일을 아무리 잘해도 사람들과 어울리지 못하면, 언젠가는 버거워진다. 성과로만 버티려는 사람은 언젠가 고립된다. 반면, 때로는 서툴러도 함께 걷는 사람은 끝까지 살아남는다. 회사는 완벽한 사람을 요구하지 않는다. 서툴면서도 끝까지 손을 놓지 않는 사람을 필요로 한다.

다섯째, "회사는 생각보다 오래 보는 곳이야. 지금보다 다음을 생각해."

오늘의 실수나 오늘의 성과에만 연연하지 말자. 회사는 단기적인 결과보다, 장기적인 신뢰를 더 크게 본다. 작은 실수에도 솔직하게 인정하고, 어려운 순간에도 성실하게 버틴 사람은 결국 믿음을 얻는다. 단기적인 눈치를 보느라 소모되기보다, 긴 호흡으로 자신의 궤적을 관리할 줄 알아야 한다. '오늘'보다 '다음'을 바라보는 눈이 결국 커리어를 결정짓는다.

〖 팁(TIP) 〗

대과 없이 축복받으며 정년퇴직한 선배들의 말은 단순한 격려가 아니다. 그것은 회사라는 복잡한 생태계 속에서 직접 부딪히고, 무너지고, 다시 일어서본 사람들이 몸으로 배운 생존의 기술이다. 그 말들은 화려하지 않지만 현실적이다. 반복되는 업무 속에서도 마음이 가라앉지 않고, 관계가 흔들려도 감정을 복원하는 사람. 그런 사람이 결국 오래간다. '버텨야 산다'는 말은 무작정 참고 견디라는 뜻이 아니다. 흐름을 읽고, 나를 돌보고, 변화를 조율하면서 천천히 나아가라는 뜻이다.

"경쟁보다 지속이 더 큰 능력이다. 버텨내는 힘이 결국 당신을 가장 멀리 데려간다."

4-5. 회사를 다니며 나를 지키는 법

처음 입사했을 땐 모든 게 낯설면서도 간절했다. 팀장의 말투 하나에 하루의 기분이 바뀌고, 작은 칭찬에 하늘을 나는 기분이 들었다. 누군가의 피드백에 밤새 고민하며, 회식 자리에선 웃음을 지으며 '나 괜찮은 사람'이라는 인상을 남기려 애썼다. 회사는 나의 평가서였고, 상사의 말은 나의 거울 같았다.

하지만 시간이 지나며 깨달았다. 회사는 나를 평가할 수는 있어도, 보호해 주지는 않는다는 걸. 내 감정이 바닥을 쳐도, 내 하루가 무너져도, 결국 다시 일어나야 하는 건 오롯이 나라는 걸. 그때부터 스스로에게 묻기 시작했다. '나는 지금 회사 안에서 나를 어떻게 지키고 있는가?'

상사의 날 선 말에 일희일비하지 않기, 동료의 무심한 태도에 과하게 해석하지 않기. 감정은 느껴지지만, 감정의 중심에 나를 놓지 않는 것. 나는 그 감정을 '사실'로 받아들이지 않기 위해 노력한다. '지금 속상하지만, 이 감정이 진짜 나의 전부는 아니야'라고 스스로를 다독이는 것. 감정의 물결 속에서 중심을 지키는 기술이 바로 '나를 지키는 첫 번째 방어선'이다.

일을 잘한다는 건, 결국 나답게 오래 일할 수 있다는 뜻이다. 그저 누군가의 기준에 맞추기 위해 나를 깎아내고 있다면, 언젠가는 내가 나를 잃게 된다. 웃고 싶지 않은데 웃고, 쉬고 싶은데 쉬지 못하고, 말하고 싶은데 참기만 하면, 점점 내 안의 소리가 작아진다. 나는 나답게 일하기 위해, 나다운 감정과 언어와 리듬을 조금씩 회복하려 한다. 그게 내가 회사 안에서도 살아남는 방식이다.

'모두에게 좋은 사람'이 되려 했던 시기를 지나, 나는 점점 '나에게 먼저 괜찮은 사람'이 되려 한다. 친절하지만 선을 넘지 않고, 공감하지만 휘둘리지 않으며, 함께하되 나를 잃지 않는 관계를 만들어 가려 한다. 경계는 차단이 아니라 건강한 거리다. 나는 누군가와 건강한 거리를 유지할 수 있을 때, 비로소 내 자리를 지킬 수 있었다.

당신도 그런 날이 있었을 것이다. 아침부터 기분이 가라앉은 채 출근했지만, 아무렇지 않은 척 웃으며 일했다. 팀장의 무심한 피드백에 속상했지만, 회의 자리에서는 고개를 끄덕이며 메모했다. 마음 한켠에선 외롭고, 때론 억울했지만, '티 내지 말자', '버텨야 하니까'라는 말로 하루를 밀어냈다. 그 모든 순간, 당신은 사실 '열심히 일한 것'보다 더 큰 일을 해낸 것이다.

감정을 감추면서도, 자기다움을 유지하려 애쓰는 것. 관계 속에서도 자기 존재를 놓지 않으려 애쓴 것. 그것이야말로 가장 현실적인 '자기보호'의 기술이다. 오늘 하루, 당신은 충분히 애썼다. 그리고 그건 결코 작은 일이 아니다.

영업팀에 근무 중인 대리는 늘 '열심히 하는 사람'으로 평가받았다. 고객 요청에 누구보다 빠르게 대응했고, 야근도 마다하지 않았다. 회식 자리에선 분위기를 이끄는 리더였고, 팀장은 늘 "걔는 진짜 회사에 충성하는 직원이야"라고 말했다.

그런 그가 어느 날 갑자기 병가를 냈다. 번아웃이었다. 스스로도 놀랐다. '나는 그렇게 약한 사람이 아닌데…'라고 생각했지만, 마음이 따라주지 않았다. 정신없이 앞만 보고 달려온 4년. 그 사이 감정은 방치됐고, 관계는 부담이 됐으며, '나다움'은 어느새 회사의 요구 안에 묻혀버렸다.

병가 후 복직한 그는 이전과 달랐다. 퇴근 시간에 맞춰 일정을 마무리했고, 회식이 잦아지면 스스로 거절했다. 감정이 흔들릴 때는 10분 산책을 했고, 상사의 피드백에도 방어하기보다 질문을 던졌다. 그는 말했다.

"전에는 회사에 나를 다 맞추려 했어요. 지금은, 회사 안에서 나를 지키는 법을 배우는 중이에요."

회사를 다닌다는 건 단지 성과를 내는 일이 아니다. 그것은 '어떤 감정을 품고', '어떤 관계를 맺으며', '어떤 방식으로 나를 지키며' 일하는가에 대한 여정이다. 회사는 나의 전부가 아니다. 그저 내가 걸어가는 삶의 한 조각일 뿐이다.

회사에서 나를 지킨다는 건, 외롭고 고된 싸움처럼 느껴질 때도 있다. 하지만 그 싸움을 멈추지 않는 한, 당신은 여전히 괜찮다. 서툴러도 괜찮다. 감정이 요동쳐도 괜찮다. 중요한 건, 그 순간에도 '나는 누구인가'를 놓지 않는 것이다.

그 단단한 마음이, 결국 가장 오래가는 힘이 된다.

◇ 나만의 리듬 설계표

하루를 어떻게 쓰느냐는 단순한 '시간 관리'의 문제가 아니다. 나의 에너지 흐름, 감정의 기복, 집중과 회복의 리듬을 인식하고 조율하는 일이다. 일이 몰릴 때 억지로 버티기보다, 에너지가 흐르는 시간대를 읽고 맞춰 움직일 수 있다면 우리는 훨씬 더 지치지 않고 일할 수 있다. 이 표는 나의 감정 곡선과 에너지 흐름을 구체적으로 시각화하는 첫 번째 연습이다.

시간대	집중이 잘 되는 활동	에너지 떨어지는 순간	회복을 위한 나만의 루틴
오전 (9~12시)	기획, 보고서 작성, 아이디어 정리	회의 직후 또는 장시간 PC 사용 이후	창가에 앉아 햇볕 쬐기, 따뜻한 차 한 잔 마시기, 스트레칭 3분
오후 (1~5시)	미팅, 팀 커뮤니케이션, 피드백	3시 무렵 멍해지는 시간, 점심 식곤증 이후	플레이리스트에서 좋아하는 노래 듣기, 산책 10분
퇴근 후 (6시 이후)	독서, 산책, 하루 정리, 취미 활동	집에서도 습관적으로 메신저 열어볼 때	업무용 앱 알림 OFF, 하루 마무리 일기 작성, 가벼운 명상 5분

〖 팁(TIP) 〗

'일을 잘하는 사람'은 늘 바쁜 사람이 아니다. 오히려 자신의 에너지 흐름을 섬세하게 인식하고, 집중과 회복의 최적 타이밍을 아는 사람이다. 같은 8시간을 일해도, 흐름을 조율하는 사람과 그렇지 않은 사람은 전혀 다른 결과를 만든다. 집중할 때 몰입하고, 떨어질 때 회복하는 리듬이 있다면, 일은 삶을 침범하지 않고 자연스럽게 흐르게 된다.

특히 회사에서는 끊임없이 에너지가 소모된다. 회의, 피드백, 보고, 관계 관리까지. 이를 무조건 '버틴다'고 해결할 수 없다. 버티려 할수록 번아웃은 빨라진다. 반대로, 자신의 감정과 에너지 흐름을 읽고, 필요할 때 가볍게 쉼표를 찍는 사람은 훨씬 오래간다. 집중과 회복이 교차하는 리듬을 만드는 것. 그것이 회사에서 나를 지키고 오래 일할 수 있는 가장 현실적인 전략이다.

위의 표는 단순한 하루 계획표가 아니다. 자신의 감정 곡선과 에너지 흐름을 기록하고, 그 패턴을 읽는 감각 훈련이다. 사용 방법은 간단하다. 이 표를 복사하거나 프린트한다. 일주일 동안 하루에 한 번씩, '집중이 잘된 시간'과 '에너지가 꺾였던 순간'을 간단히 메모한다. 에너지가 떨어졌을 때 어떻게 회복했는지도 함께 기록한다. 7일 후, 자신만의 에너지 흐름을 하나의 패턴으로 정리해 본다.

예를 들어, '오전 10시~12시에 가장 집중이 잘 된다', '3시 이후는 항상 피로하다', '퇴근 전 메신저 알림 때문에 무의미한 피로가 쌓인다'

> 와 같은 식으로.
>
> 이 작은 기록은 나의 하루를 지키는 가장 현실적인 나침반이 된다. 그리고 이 흐름을 기반으로 중요한 일을 언제 배치할지, 회복할 시간을 언제 확보할지를 스스로 설계할 수 있게 된다.
>
> 결국 '시간을 관리하는 사람'이 아니라 '자신의 감정을 조율하는 사람'이 회사를 오래 다닐 수 있다. 나의 하루를 돌아보는 이 작은 루틴 하나가, 감정 소모를 줄이고 에너지 회복을 자연스럽게 만드는 강력한 습관이 되어줄 것이다.

◇ 흔들려도 중심을 찾는 사람

회사는 매일 조금씩 바뀐다. 어제와 같은 자리에 앉아있어도, 눈에 보이지 않는 변화가 공기처럼 스며든다. 조직은 사람에 따라, 시장에 따라, 목표에 따라 끊임없이 움직이고, 그 흐름 안에서 일하는 우리도 자연스럽게 흔들린다. 익숙하던 규칙이 사라지고, 당연했던 방식이 무력해지는 순간들이 찾아온다. 그리고 그때 우리는 묻는다. '나는 계속 이 안에서 나를 지킬 수 있을까?'

오래 일한다는 건, 가만히 머무는 일이 아니다. 변화를 외면하지 않으면서도, 매번 새롭게 적응하는 일이다. 끊임없이 달라지는 바깥의 리듬을 읽어내면서도, 안쪽에 있는 나의 리듬을 잃지 않는 것. 흔들려도 중심을 다시 세우고, 무너지더라도 다시 방향을 바로잡을 수 있는 사람. 그 사람이 결국 회사 안에서 오래 살아남는다. 회사생활은 실력의 경주가 아니라 감정과 관계의 흐름 속에서 자신을 다듬어 가는 마라톤이다.

이 장을 통해 우리는 익숙함을 잃는 불안과 마주했다. 눈치를 넘어서 감도로 조직의 공기를 읽는 방법을 고민했고, 일의 방식이 달라질 때 내 방식도 유연하게 변주하는 연습을 했다. 오래가는 사람들의 공통된 태도를 살펴보며, 일과 삶을 억지로 구분하는 대신, 하나의 자연스러운 흐름으로 만들어 가는 방법을 배웠다. 그리고 무엇보다, 나만의 리듬을 설계해 감정의 파도 속에서도 중심을 잃지 않는 연습을 시작했다.

조직이 요구하는 변화에 휘청거릴 때, 감정의 소용돌이에 잠식될 때, 우리가 기억해야 할 것은 단 하나다. 흔들려도 괜찮다. 중요한 건 다시 중심을 찾는 것이다. 중심을 잃지 않는다는 것은 실수하지 않는다는 뜻이 아니다. 갈등을 피한다는 뜻도 아니다. 오히려 실수해도, 갈등에 부딪혀도, 다시 내 자리로 돌아올 줄 아는 힘. 그것이 지속성장의 진짜 본질이다.

그 중심은 어디에 있을까? 그것은 나만의 리듬 안에 있고, 관계 속의 감도 안에 있고, 매일의 루틴 속에, 아주 작은 회복의 습관 속에 있다. 빠르게 변하는 세상 속에서 버티려 하지 않고, 흐름을 읽어내면서 스스로를 조율하는 사람. 그런 사람이 결국 조직 안에서 오래 기억되고, 오래 신뢰받는다. 실력은 키울 수 있지만, 감정의 탄력성은 일상의 연습 없이는 절대 만들어지지 않는다.

회사는 겉으로는 실적을 이야기하지만, 속으로는 사람을 보고 있다. 어떤 사람이 꾸준히 태도를 다듬고, 관계를 존중하고, 감정을 조율하며 버티는지를. 그래서 진짜 오래가는 사람은 화려한 성과보다 부드러운 연결력을 가진 사람이다. 감정이 무너지더라도 다시 회복하는 힘, 관계가 흔들리더라도 다시 대화를 여는 용기, 방향이 어긋나더라도 다시 조율할 수 있는 유연함. 그것이 결국 한 사람의 지속가능성을 만든다.

회사를 다니면서 우리는 끊임없이 작게 무너진다. 계획했던 일이 어긋나고, 기대했던 관계가 틀어지고, 애썼던 결과가 외면당하는 날도 있다. 하지만 그때마다 기억해야 한다. 무너지는 건 실패가 아니다. 중요한 건 무너질 때 어떻게 다시 일어서는가다. 그리고 다시 일어설 수 있는 사람만이, 오래간다.

흔들려도 괜찮다. 중요한 건 방향을 잃지 않는 것이다. 중심을 잃지 않고 스스로를 다듬어가는 사람은 결국 회사라는 거대한 물결 속에서도 자신만의 항로를 지켜낸다. 조급해하지 말자. 비교하지 말자. 지금 당신이 느끼는 불안과 혼란, 그 모든 감정들은 나를 무너뜨리는 것이 아니라 더 단단하게 만들어 주는 과정이다.

회사를 다니며 가장 소중히 지켜야 할 것은 나 자신이다. 그리고 가장 중요한 건, 내 속도의 리듬을 믿고, 내 감정의 변화를 다독이며, 내 방향을 스스로 조율해 가는 일이다. 흔들릴 수 있다. 무너질 수 있다. 하지만 다시 중심을 찾을 수 있다. 그것이 회사생활이라는 긴 여정을 버티고, 성장하는 가장 단단한 방법이다.

흔들림은 성장의 신호다. 중심을 다시 세우는 그 과정 안에서, 우리는 조금씩 강해지고 있다. 그리고 그 조용한 강인함이야말로, 이 치열한 조직 안에서 나를 끝까지 지켜줄 가장 믿음직한 힘이다.

일의 본질

5장

일과 삶의 경계에서

처음 사회에 나와 일을 시작할 때, 우리는 흔히 '일이 곧 나'라고 믿는다. 회사 명함이 내 이름을 대변하고, 직무와 직책이 나의 가치를 대신 설명하는 것처럼 느껴진다. 그래서 더 열심히 매달린다. 더 많은 것을 해내야 하고, 더 빨리 성장해야 하며, 더 높은 평가를 받아야 한다고 생각한다. 하지만 시간이 지나면서 문득 깨닫는다. 일이 전부인 것 같았던 시간 속에서도, 삶은 조용히 흘러가고 있었다는 사실을. 그리고 삶은 일의 결과나 성과보다 훨씬 더 깊고, 복잡하고, 단단한 무게를 가지고 있다는 걸.

일은 삶을 이끌어가는 힘이 될 수 있다. 하지만 일만으로는 삶이 완성되지 않는다. 일을 통해 성장할 수 있지만, 일에만 매달린다면 삶은 점점 메말라 간다. 회사에서 승진하거나 인정을 받아도, 퇴근 후 텅 빈 마음을 채워줄 수는 없다. 반대로, 삶의 무게를 온전히 품어낼 수 있는 사람은, 일에서도 더 단단하고 오래갈 수 있다. 결국 중요한 건, 일을 통해 삶을 소모하는 것이 아니라 일을 삶의 일부로 자연스럽게 엮어내는 일이다.

이 장에서는 '일'이라는 이름 아래 우리가 놓치기 쉬운 삶의 조각들을 돌아보려 한다. 일을 대하는 태도, 삶을 바라보는 시선, 그리고 그 둘 사이에서 균형을 잡으려는 우리의 작은 노력에 대해 이야기하려 한다. 일이 전부는 아니지만, 일이 없이는 또 삶을 지탱하기 어려운 이 아이러니한 경계 위에서, 우리는 어떻게 나를 지켜야 할까? 어떻게 하면 일에 지치지 않으면서도, 일을 통해 조금씩 나를 확장할 수 있을까?

일에 너무 몰두하면, 삶은 흐릿해진다. 반대로 일에 소홀하면, 삶의 리듬도 흔들린다. 중요한 건 어느 한쪽을 포기하는 것이 아니라 일과 삶 사이에 나만의 균형추를 세우는 일이다. 빠르게 변화하는 조직의 흐름 속에서도, 주어진 역할과 성과의 압박 속에서도, '나는 누구이고, 어떤 삶을 원하는가?'라는 질문을 잃지 않는 것. 이 질문을 손에서 놓지 않는 한, 우리는 흔들려도 길을 잃지 않는다.

회사는 성과를 요구하고, 사회는 성공을 독촉한다. 그래서 때로는, 내가 왜 이 일을 시작했는지조차 잊게 된다. 처음의 꿈은 어디론가 사라지고, 남은 건 끝없는 과제와 마감뿐인 것 같을 때도 있다. 하지만 그런 순간에도 기억해야 한다. 일이 전부는 아니다. 일은 삶을 위해 존재하는 것이지, 삶이 일을 위해 존재하는 것이 아니다. 그리고 삶이란 결국, 내가 어떤 감정으로 하루를 살아냈는지, 어떤 관계를 지켜냈는지, 어떤 성장을 이뤄냈는지의 총합이다.

그래서 이 장에서는 묻고 싶다.

"당신은 지금, 누구의 리듬에 맞춰 살고 있는가?"
"지금 이 일에 나를 걸어도 괜찮은가?"
"열심히만 하면 되는 걸까, 아니면 다른 무언가가 더 필요하지 않을까?"
"결국 나는 어디를 향해 가고 싶은가?"

이 질문들은 단순한 자기성찰을 넘어, 일을 대하는 나의 태도를 바꾸고, 삶을 살아가는 나의 방식을 새롭게 정렬하게 만든다. 회사 안에서만 성장하는 것이 아니라 삶 전체를 확장하는 사람. 그런 사람이 진짜 오래 일할 수 있고, 결국 오래 살아남을 수 있다.

오래 일하는 것이 목표가 되어서는 안 된다. 오래 살아가는 사람이 되는 것, 나를 소모하는 대신 나를 확장하는 사람이 되는 것. 그것이 진짜 지속성장의 의미다. 일에 지치지 않고, 삶에 밀리지 않고, 스스로를 잃지 않는 법. 그 모든 것은 결국, 일과 삶의 경계 위에서 균형을 찾는 나만의 방식에서 시작된다.

우리는 이제, 일과 삶을 대립시키지 않고 흐름으로 이어가야 한다. 일이 버거운 날에도 삶을 사랑할 수 있어야 하고, 삶이 힘든 날에도 일에서 의미를 찾을 수 있어야 한다. 그래야 비로소, 우리는 일로부터 자유로워지고, 삶 안에서 일을 품을 수 있다.

지금 이 장에서는, 그 여정을 함께 걸어보려 한다. 일과 삶의 경계선 위에서 중심을 잃지 않고, 나를 잃지 않고, 천천히, 그러나 단단하게 나아가는 방법에 대해.

5-1. 일이 전부는 아니다

처음 일을 시작했을 땐, 일이 곧 내 전부라고 생각했다. 명함에 적힌 직책이 나의 정체성처럼 느껴졌고, 업무 성과가 나의 존재 가치를 말해주는 것 같았다. '잘해야 한다', '버텨야 한다', '누구보다 앞서야 한다'는 압박 속에서 나는 점점 '일을 잘하는 사람'이 되어갔다. 하지만 동시에 '나 자신'은 점점 뒤로 밀려났다.

그러다 어느 순간 문득 깨달았다. 아무리 바쁘게 일해도, 퇴근 후의 침묵은 여전히 깊고, 아무리 성과를 내도 채워지지 않는 공허함이 있다는 것을. 나는 그제서야 진짜 중요한 질문을 하게 되었다. '지금 나는, 일 속에 나를 잃어버리고 있는 건 아닐까?'

우리는 종종 일을 '내 인생의 목표'처럼 받아들인다. 어릴 때부터 성적과 시험으로 자신을 증명해 왔던 우리는, 성인이 되어서도 일이라는 무대에서 끊임없이 자신을 입증하려 한다. 누군가의 인정, 숫자로 보여지는 성과, 직급의 상승. 이 모든 것을 통해 우리는 자신이 괜찮은 사람이라는 것을 확인받고 싶다.

하지만 일이 삶의 전부가 되는 순간, 우리는 쉽게 흔들린다. 일이 잘 풀리면 기분이 좋고, 작은 실수에도 자존감이 바닥을 친다. 내 감정이 오직 '일'이라는 렌즈를 통해 해석될 때, 나는 '내가 누구인지'를 잃어버리게 된다. 일은 분명 중요하지만, 그건 내 삶의 한 부분일 뿐이다. 일이 없어진다고 내가 사라지는 건 아니다. 반대로 일이 아무리 많아도, 나를 돌보지 않으면 나는 결국 고갈된다.

하루 종일 업무에 시달리고 집에 돌아왔을 때, 당신은 어떤가? TV를 켜도 집중이 안 되고, 휴대폰을 만지작거리지만 마음은 어딘가 허전하다. '오늘 하루 정말 열심히 일했는데, 왜 이렇게 허무하지?' 그 느낌은 단지 피로 때문이 아니다. 그건 '일 밖의 나'를 방치한 결과다.

우리는 일터에선 누구보다 프로페셔널하게 행동하지만, 정작 나 자신에게는 무관심하다. 내 감정, 내 생각, 내 일상의 리듬을 살피지 못한 채, '오늘도 잘 버텼다'는 말로 스스로를 달래고 만다. 그러나 일이 끝난 후의 공백에서조차 나답게 숨 쉴 수 없다면, 우리는 결국 그 무게에 짓눌리고 만다.

'퇴근 후의 나'는 단순한 여가가 아니다. 그것은 내가 회복되는 시간이며, 내가 진짜 누구인지를 되찾는 시간이다.

3년 차 마케팅 대리 윤지는 늘 '일을 잘하는 사람'으로 평가받았다. 기획안을 빨리 내고, 기한을 잘 지키고, 상사의 기대에 정확히 맞춰 일했다. 팀원들도 "윤지처럼 일해야 해"라고 말했다. 하지만 윤지는 늘 피곤했다. 퇴근 후에는 아무것도 하기 싫었고, 주말엔 침대에서 벗어나지 못했다.

그러던 어느 날, 그녀는 결국 병원에서 '경도 우울' 진단을 받았다. "전 누구보다 열심히 살았는데, 왜 이렇게 허무하죠?" 그녀의 입에서 나온 말이었다. 상담사는 그녀에게 물었다. "퇴근 후의 윤지는 어떤 사람인가요?" 윤지는 대답하지 못했다. 그 질문을 처음 받아봤기 때문이다.

그날 이후, 윤지는 매일 20분씩 자신을 위한 시간을 만들기로 했다. 음악을 들으며 그림을 그리고, 평소 하고 싶었던 필라테스를 시작했고, 매일 밤 자기 전에 '오늘 내 감정'을 일기로 남겼다. 변화는 조금씩 시작됐다. 그녀는 더 이상 일에만 매달리지 않았고, 자신만의 회복 루틴을 만들면서 감정의 균형을 되찾아갔다.

그녀는 말했다. "이제 일은 나의 일부예요. 나를 이루는 많은 것 중 하나일 뿐이죠."

일을 좋아하는 건 좋은 일이다. 성과를 내고, 사람들과 함께 프로젝트를 완성해 가는 성취감은 분명 소중하다. 하지만 일이 전부가 되는 순간, 우리는 쉽게 무너진다. 성과에 따라 자존감이 오르락내리락하며, 실패 하나에도 존재 전체가 부정당한 기분이 든다. 그럴 때일수록 우리는 이렇게 말해야 한다. "일은 내가 가진 얼굴 중 하나일 뿐이다. 가장 나다운 얼굴은, 일이 끝난 후에 비로소 드러난다."

일은 삶을 지탱하는 중요한 기둥이지만, 그 기둥 하나에만 기대면 삶은 위태로워진다. 나는 일을 사랑할 것이다. 하지만 나는 나를 더 사랑할 것이다. 나는 일을 존중할 것이다. 하지만 나는 내 삶을 더 존중할 것이다. 그것을 잊지 않는 한, 나는 흔들려도 무너지지 않을 것이다.

'일 밖의 나'를 위해 나만의 리듬을 점검해 보자.

첫째, 일이 잘 풀리지 않을 때, 나는 나에게 어떤 말을 건네는가?
성과가 기준이 될 때, 감정은 쉽게 무너진다. 실패했을 때의 내 내면 언어를 점검해 보자.

둘째, 일이 없어진다면, 나는 무엇으로 나를 설명할 수 있는가?
'직무'가 아닌 '나'를 이야기할 수 있는 언어가 있는가? 그것은 곧 회복의 언어가 된다.

셋째, 하루 중 온전히 나를 위한 시간이 있는가?
업무와 피로만으로 하루를 채우지 않았는가? 나만을 위한 루틴을 찾고 있는가?

넷째, 일에만 몰입하는 날이 계속될 때, 내 감정은 어떤 경고를 보내는가?
몸은 반응하고 있다. 피로, 무기력, 예민함. 그 신호를 감지하고 있는가?

다섯째, 내가 가장 나다워지는 시간은 언제인가?
그 시간이 지금의 삶에 존재하는가? 아니면 언젠가 사라졌는가?

◇ 직무 밖의 나 발견 카드

'나는 누구인가요?'라는 질문은 때로 너무 거창하게 들릴 수 있다. 그래서 우리는 이 질문을 조금 다르게 던져본다. '일이 끝난 후, 나는 어떤 사람인가?' 직장에서 맡은 역할과 타이틀을 벗었을 때, 우리는 비로소 더 본질적인 '나'를 마주하게 된다.

일은 나의 일부일 뿐, 나의 전부는 아니다. 직무와 직함을 내려놓고 바라보는 나의 모습은, 우리가 스스로를 잃지 않고 삶을 이어가기 위한 중요한 뿌리가 되어준다.

아래 다섯 가지 질문은, 일을 잠시 내려놓고 '나'라는 존재를 다시 바라보는 작은 거울이다. 스스로에게 솔직하게 답하며, 잊고 지냈던 내 모습과 조용히 다시 만나보자.

첫째, 일이 끝난 후, 가장 나다워지는 순간은 언제인가요? 그때 나는 무엇을 하고 있나요?
바쁜 하루가 끝난 후, 무심코 손에 쥔 책 한 권, 멍하니 바라보는 창밖, 아무 생각 없이 걷는 거리. 그때의 나는 어떤 모습으로, 어떤 감정으로 존재하고 있는가?

둘째, 어린 시절 꿈꾸던 나는 어떤 모습이었고, 지금의 나와는 무엇이 닮아있나요?
어릴 적 꿈꿨던 삶과 지금의 나는 얼마나 비슷한가? 혹은 얼마나 다른가? 그 닮음과 다름 속에서 나는 여전히 어떤 꿈을 간직하고 있는가?

셋째, 요즘 들어 나를 가장 오래 머무르게 하는 관심사나 활동은 무엇인가요?

일과 무관하게, 시간이 흐르는 줄 모르게 빠져드는 일은 무엇인가? 글쓰기, 음악 듣기, 그림 그리기, 여행 계획 세우기. 그런 순간에 나는 어떤 에너지를 느끼는가?

넷째, 직장에서 보여주지 않았던 나만의 매력이나 개성은 어떤 것인가요?

팀원들에게는 보이지 않는 내 안의 다른 얼굴들. 웃음, 따뜻함, 장난기, 섬세함, 자유로움. 나는 어떤 모습을 감추고, 어떤 모습을 드러내며 살아왔는가?

다섯째, 최근, 시간 가는 줄 모르고 몰입했던 비업무 활동은 무엇이었고, 그 순간 나는 어떤 감정을 느꼈는가?

성과나 결과와 상관없이 몰입할 수 있었던 순간. 그때 느꼈던 충만함과 자유로움은 어떤 색깔이었는가? 그리고 그 감정은 지금의 내 삶에 어떤 메시지를 남겼는가?

> 〖 **팁(TIP)** 〗
>
> '일 밖의 나'는 단순한 여가의 영역이 아니다. 그것은 내가 회복되는 장소이며, 내가 나로 존재한다는 뿌리를 확인하는 시간이다. 직장에

서 받는 인정이나 평가와는 별개로, 나라는 존재가 스스로를 존중하고 지지할 수 있는 근거를 마련해 주는 가장 본질적인 공간이다.

일이 나의 전부가 아니라는 감각은 단순한 위로가 아니다. 그것은 앞으로 더 오래, 더 나답게 살아가기 위한 실제적인 에너지가 된다. 일이 잘 풀리는 날에도, 일이 버거운 날에도, 나를 지켜주는 마지막 방패는 바로 '일 밖의 나'라는 사실을 잊지 말자.

"일은 내가 가진 얼굴 중 하나일 뿐이다. 가장 나다운 얼굴은, 일이 끝난 후에 비로소 드러난다."

5-2. 일과 삶을 나누는 연습

하루 종일 업무에 시달리고 퇴근한 저녁, 몸은 소파에 기대지만 마음은 여전히 회의실에 머물러 있는 듯하다. 머릿속을 떠나지 않는 클라이언트의 피드백, 메신저로 도착한 팀장의 메시지, 처리하지 못한 메일 몇 개가 마음 한켠을 계속 두드린다. 퇴근은 했지만, 진짜로 '퇴근한 나'는 아직 도착하지 않았다. 우리는 종종 그렇게 퇴근 후에도 '일하는 마음'을 달고 살아간다.

일과 삶의 경계는 어디일까? 정확한 근무 시간이 정해져 있어도 마음은 쉽게 선을 넘는다. 그리고 그 선이 무너질수록 삶은 일에 잠식된다. 몸은 집에 있는데 감정은 여전히 회사에 묶여있다. 그렇게 감정이 회복되지 못한 채 다음 날 또다시 출근을 맞이하는 일상은, 서서히 지치고 무뎌지게 만든다. 그래서 필요한 것이 '감정의 퇴근'이다. 단순히 근무 시간을 마쳤다고 끝나는 것이 아니라 내 감정도 일로부터 천천히 분리되고 회복되는 과정이 필요하다.

회사에서 마주한 감정은 단순히 흘려보내면 사라지지 않는다. 쌓인다. 억울함, 불안, 초조함, 때로는 무기력감까지. 이 감정들을 어디에도 풀지 못하고 품은 채 집으로 돌아가면, 삶의 영역마저 일에 잠식당한다. 그러니 퇴근 후에는 단순한 휴식보다, 감정의 회복을 위한 작은 루틴이 필요하다. 의식적으로 감정을 정리하고, 일의 긴장을 내려놓고, 내 삶의 호흡으로 돌아오는 연습 말이다.

디자인팀 민서는 퇴근 후 '감정 로그'를 남긴다. 오늘 하루 있었던 일 중 가장 강하게 남은 감정을 기록하는 것이다. '회의 중 피드백이 날카로웠다. 불쾌했지만, 팀장이 지적한 부분은 실제로 놓친 부분이었다. 처음엔 방어적으로 느꼈지만, 지나고 보니 고칠 수 있는 기회였다.' 이런 식으로 감정을 말로 풀어내다 보면, 얽혀있던 감정의 실타래가 조금씩 풀린다. 그리고 다음 날, 한결 가벼운 마음으로 다시 책상 앞에 앉을 수 있다.

감정의 회복은 개인에게만 중요한 것이 아니다. 결국 회복되지 않은 감정은 관계로 번지고, 팀워크에 영향을 미친다. 누군가가 예민해져 있고, 대화가 단절되며, 소통이 겉돌기 시작할 때, 그 이면에는 회복되지 못한 감정이 자리 잡고 있을 가능성이 높다. 그러니 조직 전체의 건강을 위해서도, 구성원의 감정 회복은 반드시 필요하다.

그렇다면 일과 삶의 경계를 건강하게 나누기 위해 어떤 노력이 필요할까?

첫째, 퇴근 이후 '감정 정리 루틴'을 만들자.
어떤 사람은 산책하며 하루를 정리하고, 어떤 사람은 샤워하며 복잡한 감정을 씻어낸다. 누군가는 글을 쓰고, 누군가는 음악을 듣는다. 중요한 것은 내게 맞는 회복방식이 무엇인지 알고, 그것을 꾸준히 실천하는 것이다.

둘째, 퇴근 후 메신저 알림을 차단하거나, 업무 관련 대화는 다음 날로 미루는 훈련이 필요하다.

처음엔 죄책감이 들 수 있지만, 그것이 곧 업무 태만은 아니다. 오히려 자기감정을 잘 관리하는 사람이 다음 날 더 좋은 컨디션으로 일할 수 있다.

셋째, 나만의 시간을 '예정된 약속'처럼 소중히 여겨야 한다.

저녁에 볼 영화를 미리 정해두거나, 취미 활동을 스케줄에 넣어두면 삶의 무게 중심이 일에만 쏠리는 것을 막을 수 있다. 감정의 무게를 고르게 분산시키는 일은 결국 나를 더 오래 지치지 않게 만드는 힘이다.

IT기획팀 지훈은 '퇴근 후 모드 전환법'을 실천 중이다. 퇴근과 동시에 카페에 들러 커피를 마시며 그날의 감정을 정리하는 시간을 가진다. 그 시간을 '나와의 회의'라고 부른다. 이 시간 동안 그는 일과 감정을 정리하고, 가족과 친구에게 더 가벼운 마음으로 다가간다. 이 루틴을 만들고 나서, 그는 더 이상 일에 감정이 휘둘리지 않는다고 말한다. 오히려 감정을 정리하고 나면, 다음 날 더 집중해서 일할 수 있다고 덧붙였다.

삶은 일보다 크다. 그리고 일은 삶 속의 일부일 뿐이다. 그 사실을 잊지 않기 위해 우리는 의식적으로 감정의 휴식을 만들어야 한다. 그리고 그 휴식이야말로 우리가 일과 삶을 오래도록 지속가능하게 유지할 수 있는 힘이 된다.

그러니 오늘 하루가 끝났다면, 내 감정에게도 퇴근을 허락해 보자. 일은 일의 자리에, 감정은 감정의 자리에 놓고, 삶은 삶의 호흡으로 다시 되돌아오는 것. 그것이 바로 일과 삶을 건강하게 나누는 첫걸음이다.

◇ **나의 리듬 체감 그래프**

회사생활을 하면서 가장 쉽게 잊어버리는 것이 바로 '내 에너지의 리듬'이다. 우리는 스케줄에 따라 움직이지만, 진짜 나를 지탱하는 건 외부 스케줄이 아니라 '나만의 흐름'이다.

하루 동안 감정과 에너지가 어떻게 움직이는지를 인식하는 것, 그것이야말로 나를 지키는 가장 현실적인 방법이다. 아래 표를 활용해 하루 동안의 나의 감정과 집중도를 조용히 기록해 보자.

시간대	감정 상태 (☺☻☹ 등)	에너지/집중도 (상/중/하)	주요 활동 또는 사건
오전 9~11시			
오전 11~13시			
오후 13~15시			
오후 15~17시			
저녁 17~21시			
밤 21시 이후			

하루 동안 감정의 파도는 여러 번 밀려온다. 오전에는 의욕이 넘쳤다가도, 점심 이후 갑자기 무기력해질 수 있다. 오후의 바쁜 미팅 사이에서는 긴장감이 높아지고, 퇴근 무렵에는 다시 소진감을 느끼기도 한다.

중요한 것은 그 흐름을 억지로 끌어올리거나 무시하는 것이 아니라 있는 그대로 알아차리는 것이다. '지금은 집중이 잘 되네', '지금은 마음이 좀 무겁네.' 그렇게 감정과 에너지를 바라보는 순간, 우리는 비로소 스스로를 관리할 수 있는 힘을 갖게 된다.

【 팁(TIP) 】

나의 에너지 흐름을 시각화하면, '내가 가장 몰입할 수 있는 시간대'와 '휴식이 필요한 구간'이 명확히 보인다. 스케줄은 외부가 만든다. 하지만 리듬은 내가 만든다. 리듬을 인식하는 사람만이 스케줄에 휘둘리지 않고, 오히려 스케줄을 자신의 흐름에 맞게 조율할 수 있다. 빠르게 처리하는 사람이 아니라 나의 흐름을 읽고 살아가는 사람이 결국 더 오래 버틴다.

"일상을 흐르게 만드는 건 단순한 계획표가 아니다. 그것은 매일매일 내 안에서 살아 움직이는 '리듬'이다."

5-3. 이 일에 나를 걸어도 될까

회사생활을 하면서 우리는 수없이 질문하게 된다. '이 일이 정말 나에게 맞는 걸까?', '나는 이 일을 하면서 성장하고 있는 걸까?', '여기에 나를 걸어도 괜찮을까?' 처음엔 생존을 위해, 생계를 위해 시작했지만 시간이 지날수록 마음 한편에는 점점 더 깊은 질문이 자라난다. 단순히 일을 잘하고 못하고의 문제가 아니다. 이 일이 나를 어떤 사람으로 만들고 있는지, 이 일이 내 삶을 어디로 데려가고 있는지에 대한 본질적인 고민이다. 그리고 이 질문은 결코 가볍지 않다.

처음에는 무조건 버텼다. 결과를 내야 했고, 인정을 받아야 했다. 남들보다 뒤처질 수 없었다. 그래야 살아남는다고 믿었다. 하지만 시간이 지나면서 의문이 들기 시작했다. 과연 이 길이 맞는 걸까? 나는 단지 시스템의 부품처럼 돌아가는 톱니바퀴에 불과한 건 아닐까? 아무리 열심히 일해도, 아무리 성과를 내도, 마음 한구석은 계속 허전했다. 그때부터였다. '이 일에 나를 걸어도 되는가?'라는 질문이 머릿속을 떠나지 않았다.

모두가 열심히 달리고 있었다. 누군가는 승진을 향해, 누군가는 성과급을 향해, 또 누군가는 자기 존재를 증명하기 위해 숨 가쁘게 달리고 있었다. 하지만 나는 문득 걸음을 멈추고 싶어졌다. 이 길의 끝에 있는 것이 정말 내가 원하는 삶일까? 열심히 달리긴 했지만, 방향이 잘못 되었다면 그 노력은 오히려 나를 더 먼 곳으로 데려가는 것 아닐까? 그런 불안이 조심스럽게 고개를 들었다.

물론 모든 일이 내게 이상적인 의미를 제공할 필요는 없다. 때로는 단순히 생존을 위해, 때로는 더 큰 목표를 위한 디딤돌로 일을 할 수도 있다. 하지만 중요한 건, 그 과정 속에서도 '내가 나를 잃지 않는가'를 끊임없이 점검하는 일이다. 일이 나를 갉아먹는 감옥이 아니라 나를 성장시키는 무대가 되어야 한다는 것. 그리고 그 판단은 남이 대신해줄 수 없다. 오직 나만이 내 안에서 답을 찾아야 한다.

한때 선배가 말했다. "일은 너를 소모하는 게 아니라 너를 확장시켜야 해." 그 말이 오래 기억에 남았다. 소모는 에너지를 빼앗고, 확장은 가능성을 열어준다. 지금 내가 하고 있는 일은 나를 소모시키는가, 아니면 확장시키는가? 이 질문에 솔직히 답할 수 있다면, 우리는 이미 중요한 통과의식을 지난 것이다.

소모되는 일은 대체로 이렇다. 아침에 눈을 뜨는 것이 고통스럽고, 일에 대한 최소한의 호기심도 사라진다. 시키는 일만 기계처럼 반복하고, 감정은 점점 무뎌진다. 시간을 때우는 데 급급하고, 퇴근만을 기다린다. 반면 확장되는 일은 다르다.

힘들어도, 긴장돼도, 마음 한켠에서는 여전히 배움과 도전의 에너지가 느껴진다. 작은 성취에도 스스로를 칭찬하고, 실수에도 배울 점을 찾는다. 퇴근 후에도 '오늘은 이런 걸 새로 알았구나' 싶은 깨달음이 남는다. 확장은 늘 피로를 수반하지만, 그 피로는 성장통처럼 달콤하다.

문제는, 어떤 일이든 소모와 확장은 동시에 존재한다는 사실이다. 완벽하게 나를 확장시키기만 하는 일은 없다. 중요한 건 비율이다. 소모가 80%고 확장이 20%라면, 언젠가는 분명 고갈된다. 하지만 소모가 40%, 확장이 60%를 넘는다면, 우리는 버틸 수 있고, 더 나아가 성장할 수 있다. 따라서 자신에게 솔직해야 한다. '나는 지금 이 일을 통해 얼마나 소모되고 있는가?', '나는 이 일에서 얼마나 성장하고 있는가?'를 묻는 것. 이 질문을 외면하는 순간, 우리는 무심코 소모의 늪에 빠지게 된다.

많은 사람들이 직장을 옮긴다. 업무 강도 때문만은 아니다. 일 자체보다, 자신이 점점 메말라가는 감각을 견디지 못해서다. 일이 아니라 일하는 방식이 문제고, 일이 아니라 그 일 안에서 '나'를 지킬 수 없는 환경이 문제인 경우가 많다. 그래서 더 중요한 건, 어떤 일이냐보다, 그 일을 통해 나는 어떻게 존재하고 있느냐이다.

이 일을 선택한 이유를 가끔 돌아보자. 처음에는 생계 때문이었을 수도 있다. 남들처럼 안정적인 커리어를 쌓고 싶어서였을 수도 있다. 그 선택은 틀리지 않았다. 하지만 시간이 지나면서 나에게 맞는 이유로 업데이트되어야 한다. '이 일이 나에게 어떤 의미가 있는가?', '이 일을 통해 나는 무엇을 배우고 있는가?', '이 일이 나를 어디로 이끌고 있는가?' 이 질문에 대한 답을 스스로 갱신할 수 있어야 한다. 의미는 발견하는 것이지 주어지는 것이 아니기 때문이다.

상사는 당신에게 목표를 줄 수 있지만, 의미는 줄 수 없다. 회사는 당신에게 업무를 줄 수 있지만, 성장의 방향은 정해줄 수 없다. 모든 의미는 결국 당신 안에서 시작된다. 그래서 더 외롭고, 그래서 더 소중하다. 타인의 평가에 앞서, 내가 이 일을 통해 무엇을 얻고, 무엇을 놓치고 있는지 스스로 물어야 한다.

때로는 지금 하고 있는 일이 나에게 맞지 않을 수도 있다. 그건 실패가 아니다. 오히려 더 좋은 성장의 징후다. '이건 내 길이 아니다'라는 걸 알게 된 것도 엄청난 자산이다. 자신을 속이며 억지로 버티는 것이 아니라 스스로에게 솔직해지는 것이야말로 진짜 용기다. 방향을 틀 수 있는 용기, 속도를 조절할 수 있는 지혜, 잠시 멈출 수 있는 여유. 이 모든 것이 진짜 자기 경력의 핵심이다.

만약 지금 이 일이 나를 갉아먹고 있다면, 그 사실을 부정하지 말자. 하지만 섣불리 포기하지도 말자. 중요한 건 탈출이 아니라 해석이다. '이 일이 나에게 무엇을 가르쳐주고 있는가?'를 마지막까지 묻는 것. 그리고 그 대답이 명확해질 때, 다음 방향을 설정하는 것이다. 때로는 잠시 머물러야 답이 보이고, 때로는 부딪혀야 길이 보인다.

결국 이 질문으로 돌아온다. '이 일에 나를 걸어도 될까?' 그 답은 정답이 없다. 다만 이렇게 스스로에게 말해줄 수 있어야 한다.

"나는 나의 리듬으로, 나의 방향으로, 이 길을 선택하고 있다."
"나는 이 일 속에서도, 나를 잃지 않고 있다."
"나는 결과보다 과정을, 성과보다 의미를, 타인의 시선보다 나의 성장을 선택하고 있다."

그렇다면 괜찮다. 이 일에 나를 걸어도 괜찮다. 아니, 이 일이 나를 걸어가는 과정이 되어줄 것이다.

◇ 일에 대한 나의 질문들 리스트

회사생활을 하다 보면 어느 순간 문득 멈춰 서게 된다. 무언가 열심히 달려왔는데, 지금 이 길이 과연 나를 어디로 데려가는지 알 수 없는 기분. 그럴 때 필요한 건 거창한 계획이 아니라 아주 솔직하고 작은 질문들이다. 지금 이 순간의 나는 과연 어떤 답을 내릴 수 있을까? 다음 다섯 가지 질문을, 조용히 스스로에게 던져보자.

첫째, 지금 내가 하는 일은, 나의 가치를 반영하고 있는가?
단순히 주어진 업무를 수행하는 데서 그치지 않고, 그 일 안에 내 삶의 기준이 묻어나고 있는지를 살펴보자. 누군가 시켜서 하는 일이 아니라 스스로 의미를 찾고 있는 일인가? 나다움을 담지 못하는 일은 언젠가 나를 잃게 만든다. 지금의 일과 나의 가치는 얼마나 닮아있는가?

둘째, 이 일은 1년 뒤의 나를 어떻게 바꿔놓을 것인가?
지금 이 자리에서 쌓이는 시간들은 결국 1년 뒤, 3년 뒤, 나를 완전히 다른 사람으로 만든다. 이 일은 나의 가능성을 확장시켜 줄까, 아니면 나를 소진시키고 있을까? 오늘 하루의 선택이 내일의 나를 결정한다. 그러니 가끔은 시간을 앞질러 생각해 보자. 1년 후, 이 일 덕분에 나는 더 성장해 있을까?

셋째, 매일 아침 이 일을 생각할 때, 기대감보다 피로감이 큰가?
출근길에 느끼는 감정은 가장 정직한 신호다. 설렘은 없어도 좋다. 하지만 매일 아침부터 지쳐있다면, 그것은 단순한 업무 과중 때문만이 아니다. 그 일과의 감정적 연결이 느슨해졌다는 의미다. 감정은 속이지 못한다. 반복되는 피로감은, 삶의 흐름을 다시 정비하라는 몸과 마음의 요청이다.

넷째, 지금의 목표는 나의 의지인가, 누군가의 기대인가?
현재 내가 향하고 있는 목표가 진짜 내 안에서 나온 것인지, 아니면 타인의 기대를 충족시키기 위해 설정된 것인지를 구분해야 한다. 남의 눈치를 보며 세운 목표는 언제든 방향을 잃는다. 그러나 내 안에서 피어난 목표는 흔들려도 방향을 다시 찾는다. 목표가 나의 목소리에서 출발했는지 솔직히 돌아보자.

다섯째, 만약 아무런 조건 없이 선택할 수 있다면, 나는 이 일을 계속할 것인가?
안정, 월급, 직급, 평판. 이런 조건을 다 내려놓고도 이 일을 계속하고 싶은가? 만약 조건이 사라진 순간에도 계속하고 싶은 일이라면, 그것은 내 안에서 진심으로 선택된 길이다. 이 질문은 나의 본질적인 마음의 기울기를 알려주는 가장 명확한 나침반이 되어준다.

> 〚 팁(TIP) 〛
>
> 이 질문들은 퇴사를 고민할 때만 필요한 것이 아니다. 오히려 가장 평범한 하루에도 가끔은 나에게 던져야 하는 질문들이다. 일을 향한 나의 감정과 방향을 스스로 점검하는 것. 그것이 곧 삶의 방향을 다듬는 일이 된다. 일이 단순한 생계가 아니라 삶의 절반이라면, 이 질문은 나를 살아 숨 쉬게 만드는 회복의 루틴이다.
>
> "일은 선택의 연속이다. 질문은 그 선택을 더 단단하게 만드는 첫걸음이다."

5-4. 열심히만 해선 부족해

처음 회사를 다닐 때 우리는 하나의 믿음을 가지고 출발한다. '열심히 하면 다 잘될 거야.' 학교에서도, 선배들도, 때론 부모님도 그렇게 말했다. 노력은 배신하지 않는다고, 최선을 다하면 반드시 결과가 따라온다고. 그래서 우리는 조금도 게으름을 허락하지 않았다. 묵묵히 일하고, 기회를 기다리고, 부족함을 메꾸려 애썼다.

그런데 이상하게도, 열심히 했는데도 원하는 결과가 쉽게 따라오지 않았다. 누구보다 성실했지만 인정받지 못했고, 누구보다 치열했지만 기회는 다른 사람에게 넘어갔다. 그때 처음 깨닫는다. '아, 회사는 열심히만 한다고 되는 곳이 아니구나.'

회사는 결과를 요구한다. 결과란 단순히 성과 수치를 의미하는 것이 아니라 조직 안에서 '함께 일하고 싶은 사람'으로 인정받는 총체적 평가다. 업무 능력은 기본이다.

하지만 그보다 더 중요한 건 맥락을 읽는 힘이다. 일이 어디서부터 시작되어 어디로 가는지, 내가 맡은 역할이 팀 전체의 흐름 속에서 어떤 의미를 가지는지, 상사가 던진 애매한 한마디 뒤에 어떤 기대가 숨어있는지를 감지하는 능력. 단순히 주어진 일을 처리하는 게 아니라 흐름과 의도를 읽고 거기에 맞게 움직일 줄 알아야 한다. 이게 바로 '일머리'다. 그리고 이 일머리는 노력만으로 쌓이지 않는다. 감도와 시야, 유연성과 관계의 리듬이 함께 자라야만 한다.

열심히 하는 사람은 많다. 하지만 제대로 읽고 움직이는 사람은 드물다. 열심히 했는데도 결과가 좋지 않은 이유는 종종 방향을 잘못 잡았기 때문이다. 누구보다 바빴지만 본질을 놓쳤고, 누구보다 성실했지만 흐름을 역행했다.

예를 들어, 상사가 원하는 건 빠른 보고였는데 나는 완벽한 결과를 만들겠다고 시간을 끌었고, 팀은 기민한 대응을 원했는데 나는 혼자 끙끙거리며 준비만 했다. 내 기준에서는 최선을 다했지만, 팀 기준에서는 타이밍을 놓친 셈이다. 이럴 때 조직은 '열심히'보다 '맥락에 맞게'를 더 높이 평가한다.

열심히만 하는 사람은 종종 '자기만족'에 빠진다. 나는 이렇게까지 했는데 왜 몰라주지? 나는 이만큼 노력했는데 왜 인정받지 못하지? 하지만 회사는 과정보다 결과를, 노력보다 맥락을 본다. 그리고 이 냉정한 사실을 받아들일 수 있을 때, 우리는 진짜 성장의 문턱에 선다. 노력의 크기가 아니라 결과를 만들어 내는 방향성과 감도. 그걸 키우는 게 필요하다. 때로는 덜 열심히 하더라도, 더 정확하게 움직이는 편이 현명하다.

이것은 나의 경험이기도 하다. 한때 나는 밤늦게까지 남아서 문서를 다듬고, 회의 준비를 철저히 하고, 작은 실수도 용납하지 않으려 애썼다. 하지만 정작 중요한 건, 회의에서 팀장이 기대한 '핵심 포인트'를 얼마나 정확하게 짚어내느냐는 것이었다.

나는 디테일에 집착했지만, 흐름을 놓쳤다. 그걸 깨닫고 나서야 조금씩 일하는 방식이 바뀌었다. 더 적게 말하고, 더 정확하게 포인트를 잡으며, 팀이 필요한 순간에 필요한 형태로 결과를 내기 위해 집중했다. 그리고 그때부터 평가가 달라지기 시작했다. '일을 잘한다'는 말은, 단순히 많이 하는 사람이 아니라 맞게 읽고 맞게 움직이는 사람에게 주어지는 칭찬이었다.

회사는 성실한 사람을 좋아한다. 하지만 진짜 믿고 맡기는 사람은 '판을 읽는 사람'이다. 타이밍을 알고, 분위기를 알고, 방향을 아는 사람. 열심히 하는 것은 기본이다. 이제는 그 위에 더해야 한다. 읽고, 감지하고, 맞추고, 연결하는 기술을. 일은 개인 플레이가 아니라 팀 플레이다. 내가 아무리 잘해도 흐름을 잃으면 팀 전체가 흔들린다. 그렇기에 혼자만의 완벽함보다, 전체의 타이밍에 나를 맞추는 감각이 더 중요하다.

열심히만 해서는 부족하다. 회사는 실력과 태도와 감도와 협업을 종합적으로 본다. 때로는 '적당히'를 알아야 하고, 때로는 '속도를 조절'할 줄 알아야 한다. 자기 고집을 내려놓고 팀의 리듬에 나를 녹이는 유연성이 필요하다.

이건 단순한 순응이 아니다. 흐름 속에서 나를 지키는 지혜다. 완벽

주의는 일을 늦추고, 고집은 관계를 무너뜨린다. 그러니 스스로에게 물어야 한다. 나는 지금 일을 잘하려는 걸까, 완벽을 증명하려는 걸까?

열심히 하는 것도 중요하지만, 때론 '비워내는 용기'가 필요하다. 다 하지 않아도 괜찮다. 덜어내야 본질이 보이고, 줄여야 방향이 선명해진다. 중요한 건 일을 많이 하는 것이 아니라 일을 잘하는 것이다. 많이 한다는 착각은 성취감을 줄지 몰라도, 오래갈 수는 없다. 결국 남는 건, 필요한 순간에 필요한 일을 정확히 해내는 능력이다. 그리고 이 능력은 노력만으로는 쌓이지 않는다. 감정의 조율, 흐름의 이해, 관계의 리듬 위에서 자란다.

이제 열심히만 하는 시대는 끝났다. 앞으로 필요한 건, 나의 감정과 에너지를 지혜롭게 관리하고, 팀의 리듬에 자연스럽게 조율하며, 방향을 정확히 잡고 나아가는 능력이다. 나는 지금 어디를 향해 가고 있는가? 지금의 열심이 나를 소진시키는지, 성장시키는지. 이 질문을 끊임없이 던져야 한다.

회사는 누구보다 성실한 사람을 찾는다. 하지만 진짜 오래 남는 사람은 성실함 위에 방향성과 감도를 얹은 사람이다. 열심히만 한다면 지칠 수 있다. 하지만 제대로 읽고 움직일 수 있다면, 우리는 오래도록 나를 지키며 성장할 수 있다. 열심히 하는 것 이상을 꿈꾸자. 흐름을 읽고, 관계를 잇고, 방향을 만들고, 결국 나의 길을 만들어 가자. 그 길 위에서 우리는, 서툴지만 분명하게 단단해질 것이다.

◇ 성과 vs 열심 비교표

우리는 흔히 '열심히 한다'는 말에 기대어 스스로를 위로하곤 한다. 하지만 회사는 열심보다 결과를, 충성보다 방향성을 본다. '내가 애쓴 만큼 인정받지 못하는' 답답함을 느낄 때는, 지금의 노력 방식이 정말 효과적인가를 점검해 볼 필요가 있다. 다음 6가지 신호를 통해, 나의 열심히 어디로 향하고 있는지 조용히 들여다보자.

구분	열심히만 일할 때	성과를 내는 방식
일의 접근 방식	시키는 대로, 정해진 업무를 최대한 빠르게 처리한다.	업무의 목적과 맥락을 이해하고, 중요도에 따라 스스로 우선순위를 설정한다.
집중 포인트	반복되는 실행, 많은 시간을 투입하는 정직한 노력에 머문다.	전체 흐름을 조율하며, 결과를 만들어 내는 과정 자체를 전략적으로 설계한다.
커뮤니케이션 태도	"열심히 했는데요"라는 방어적인 반응이 먼저 나온다.	"이 방향이 맞는지 확인하고 싶습니다"처럼 열린 자세로 소통과 협업을 유도한다.
피드백 수용 태도	지적에 억울함을 느끼거나, 변명으로 대응한다.	피드백을 성장의 자산으로 삼고, 다음 실행 계획에 실질적으로 반영한다.
팀워크에서의 존재감	묵묵히 맡은 일만 처리하고, 개인 단위의 책임에 머문다.	팀 전체의 목적과 흐름을 함께 공유하고, 필요할 때 조율자 역할까지 자처한다.
기억되는 방식	'성실한데 조용한 사람', '도움은 되지만 임팩트는 없는 사람'으로 남는다.	'같이 일하면 든든한 사람', '말보다 행동으로 팀에 변화를 주는 사람'으로 기억된다.

〖 팁(TIP) 〗

열심은 기본값이다. 그러나 방향 없는 열심은 조직 내에서 오해를 낳고, 때로는 피로만 남긴다. 상사는 묻는다. "그래서 결과는 어땠나?", "팀에는 어떤 영향을 줬나?" 이 질문 앞에서는 '얼마나 노력했는가'는 부차적인 문제가 된다. 결국 중요한 건, '어디로 향하고 있는가', '누구와 어떻게 연결되고 있는가'이다.

성과를 내는 사람은 단순히 주어진 일을 많이 하는 사람이 아니다. 그는 항상 일의 맥락을 먼저 읽고, 그 안에서 본질적인 결과를 만들어 낸다. 지시받은 대로만 움직이지 않고, 흐름을 파악하여 스스로 판단하고 제안한다. 그리고 피드백은 변명의 대상이 아니라 자신의 다음 성장을 위한 자양분으로 삼는다.

팀 안에서도 마찬가지다. 혼자 묵묵히 고립되어 일하는 사람이 아니라 자연스럽게 팀의 리듬을 읽고 그 흐름을 이어가는 사람, 동료의 숨은 부담을 알아채고, 작은 제스처 하나로 분위기를 바꿀 수 있는 사람. 조직은 그런 사람을 기억하고, 그런 사람에게 중요한 기회를 맡긴다. 노력은 필요조건이지만, 충분조건은 아니다.

성과를 내는 방식은 노력의 총량이 아니라 그 노력이 얼마나 맥락과 흐름을 타고 있는가에 달려있다. 아무리 성실해도 방향이 틀리면 소용이 없다. 아무리 열심히 해도 주변과 연결되지 않으면 외로워진다.

그러니 스스로에게 물어보자.

> 나는 지금 단순히 열심히 하고 있는가?
> 아니면, 열심히를 넘어 결과와 연결하고 있는가?
>
> "노력은 조건이다. 방향은 전략이다. 감도는 생존이다. 이 세 가지가 만날 때, 열심은 진짜 힘이 된다."

5-5. 나의 방향으로 다시

회사를 다니다 보면 문득 이런 질문을 품게 된다. '나는 어디로 가고 있는 걸까?' 처음 입사할 때만 해도 모든 것이 명확해 보였다. 명함을 받고, 자리를 배정받고, 첫 업무를 맡으며, 우리는 '이 길을 따라가면 되겠지'라고 생각했다. 하지만 시간이 흐를수록 그 길은 예상보다 훨씬 복잡하고, 예측할 수 없으며, 종종 내가 어디쯤 와있는지조차 알기 어려운 미로처럼 느껴진다. 빠르게 변하는 업무 환경, 점점 높아지는 기대치, 끝없이 이어지는 성과 압박 속에서 우리는 자주 길을 잃는다. 그리고 그 혼란의 한가운데에서 다시, 스스로에게 묻게 된다. '이 길은 정말 내가 원하는 길일까?'

회사의 길은 곧장 나아가지 않는다. 직무도, 조직도, 사람도, 모두 끊임없이 바뀐다. 내가 기대했던 승진의 타이밍이 어그러질 수도 있고, 믿었던 팀장이 이직하거나, 열정을 쏟았던 프로젝트가 중단될 수도 있다. 이런 변수 앞에서 우리는 좌절하거나, 흔들리거나, 때로는 무기력에 빠지기도 한다. 하지만 그 모든 변화에도 불구하고 중요한 것은, '외부의 변화'가 아니라 '내가 그 안에서 어떻게 나의 방향을 다시 세우는가'이다.

방향은 외부가 만들어 주지 않는다. 아무리 좋은 조직, 아무리 안정된 직무라 해도, 그 안에서 나만의 방향을 찾지 못하면 결국 길을 잃는다. 반대로 외부 환경이 아무리 거칠어도, 내 안에 선명한 방향이 있다면 우리는 다시 나아갈 수 있다. 결국 회사생활에서 가장 필요한 힘은 '목표'가 아니라 '방향'이다. 목표는 상황에 따라 바뀌지만, 방향은 나를 지탱하는 등대가 된다.

그렇다면 방향은 어떻게 세워야 할까? 먼저, 지금 하고 있는 일이 나에게 어떤 의미를 주는지를 솔직하게 점검해야 한다. 단순히 생계를 위한 수단인지, 성장의 디딤돌인지, 아니면 나의 가능성을 닫아버리는 족쇄인지. 그리고 그 의미를 바탕으로, 앞으로의 시간에 무엇을 남기고 싶은지를 생각해야 한다. 매일 반복되는 일상 속에서도 작은 질문을 던져야 한다. '이 일은 나를 어떻게 변화시키고 있는가?', '나는 무엇을 배우고 있는가?', '나는 어떤 사람으로 성장하고 싶은가?'

방향을 세운다는 것은 거창한 비전을 세우는 일이 아니다. 오히려 아주 작은 결심들에서 시작된다. '오늘 하루는 내 페이스를 지켜내자', '이 프로젝트에서는 내 강점을 한 가지라도 드러내자', '이번 피드백은 성장의 기회로 삼자.' 이런 소소한 다짐들이 쌓여야, 비로소 나만의 길이 만들어진다. 방향은 하루아침에 완성되는 것이 아니라 하루하루 성실히 살아낸 흔적 위에 조용히 세워진다.

물론 방향을 잡아도 길은 여전히 흔들린다. 예상치 못한 평가, 원치 않는 부서 이동, 인간관계에서의 갈등 등은 끊임없이 우리의 의지를 시험한다. 그럴 때 필요한 건, 목표를 고집하는 완고함이 아니라 방향을 지키면서도 유연하게 길을 조정하는 지혜다. 마치 나침반을 들고 항해하는 선장처럼, 파도가 거세면 잠시 방향을 틀고, 바람이 거세면 돛을 조정하면서도, 궁극적으로 향하는 곳은 잊지 않는 것이다.

회사는 긴 여정이다. 단거리 경주가 아니다. 당장의 승진이나 평가에만 매달리면 쉽게 지치고, 쉽게 상처받는다. 하지만 긴 여정이라는 관점에서 보면, 지금의 한 걸음 한 걸음이 모두 나를 키우는 자산이 된다. 실패도, 좌절도, 모두 방향을 다시 점검할 수 있는 기회다. 그리고 이 긴 여정의 끝에서 살아남는 사람은, 속도가 빠른 사람이 아니라 방향을 잃지 않은 사람이다.

'나의 방향으로 다시'라는 말은, 언제든 리셋할 수 있다는 의미이기도 하다. 지금까지의 선택이 마음에 들지 않아도 괜찮다. 예상보다 길이 멀어져도 괜찮다. 중요한 것은 지금이라도 방향을 다시 설정하는 것이다. 나를 소모시키는 길에서 벗어나고, 나를 회복시키는 길을 향해 한 걸음 옮기는 것. 그것이 진짜 성장이고, 진짜 성공이다.

'나는 지금 어떤 길을 걷고 있는가?' 이 질문을 스스로에게 던지자. 그리고 조급해하지 말자. 모든 답을 당장 찾을 필요는 없다. 오히려 중요한 건, 질문을 멈추지 않는 것이다. 질문이 있는 한, 우리는 계속 나아갈 수 있다. 질문이 있는 한, 우리는 여전히 방향을 찾을 수 있다.

회사생활은 결국, 나를 알아가는 여정이다. 실적과 성과, 인정과 보상은 중요한 지표지만, 진짜 핵심은 그 과정에서 내가 어떤 사람이 되어가고 있는가다. 남들이 보기엔 별거 아닐지라도, 나는 매일 나 자신을 조금 더 이해하고, 조금 더 다듬어 가고 있다. 그리고 그 과정이야말로, 가장 소중한 성장이다.

당신이 가야 할 길은 다른 누구도 대신 걸어줄 수 없다. 남의 길을 부러워하거나, 남의 속도를 따라잡으려 애쓸 필요도 없다. 당신만의 길을, 당신만의 속도로, 당신만의 방향으로 걸어가야 한다. 때로는 멈춰 서야 할 때도 있고, 때로는 돌아가야 할 때도 있다. 그 모든 순간이 결국 당신을 완성시킨다.

그러니 지금, 조용히 묻자. '나는 어디로 가고 싶은가?' 그리고 그 답을 찾는 여정 자체를 사랑하자. 흔들려도 괜찮다. 늦어도 괜찮다. 중요한 건, 멈추지 않고 계속 나아가는 것이다. 당신의 방향은, 당신만이 결정할 수 있다. 그리고 그 방향을 따라 걷는 당신은, 지금 이 순간에도 충분히 잘하고 있다.

◇ 나침반 선언문

회사의 시간은 단순히 일을 수행하는 시간이 아니다. 매일 주어진 과제를 해결하는 것처럼 보이지만, 그 안에서는 끊임없이 나라는 사람의 중심을 점검하는 작은 질문들이 쌓여간다.

'나는 어디로 가고 싶은가?', '나는 누구의 기대가 아닌, 진짜 나의 길을 걷고 있는가?' 바쁜 일상 속에서도 이 질문을 멈추지 않는 사람만이 결국 자신만의 방향을 만들어 갈 수 있다. 나침반 선언문은 거창한 목표를 세우는 선언이 아니다. 그것은 내 삶의 축을 다시 내 쪽으로 돌려세우겠다는, 조용하지만 단단한 결심이다. 오늘 하루를 지나면서도 잊지 말아야 할 나만의 약속이다.

◇ 지금까지의 나

"나는 주변의 기대와 평가에 맞추느라, 나의 진짜 속도와 방향을 잃을 때가 많았다."

어쩌면 너무 오래 타인의 시선을 기준 삼아 걸어왔는지도 모른다. 좋은 평가, 빠른 성장, 안정된 자리. 그 모든 것이 나를 흔들림 없이 붙잡아 줄 거라 믿었지만, 어느 순간 문득 스스로에게 질문하게 되었다. '이 길은 정말 내가 원하는 길이 맞는가?' 목표를 향해 달리면서 정작 내 마음의 방향은 점점 희미해졌다.

◇ 지금 이 순간의 나

"이제는 내 안의 소리를 더 선명히 듣고, 나에게 의미 있는 방향을 스스로 선택하려 한다."

누군가의 기대를 충족시키기 위한 삶이 아니라 나의 진심을 좇는 삶을 살고 싶다. 남들이 말하는 '좋은 길'이 아니라 나에게 진짜 의미 있는 길을 선택하고 싶다. 비록 그 길이 조금 돌아가는 것처럼 보여도, 더

디게 나아가는 것처럼 보여도 괜찮다. 중요한 건 속도가 아니라 방향이다. 그리고 나는 이제 내 안에서 들려오는 목소리에 더 귀를 기울이기로 했다.

◇ 앞으로의 나

"조금 느리더라도, 나만의 리듬과 나만의 길을 믿고 단단히 걸어가겠다."

세상의 속도에 휘둘리지 않고, 타인의 기준에 나를 맞추지 않고, 내 안의 기준을 붙잡고 걷는 사람. 그게 내가 되고 싶은 모습이다. 때로는 길을 잃을 수도 있다. 때로는 주변의 빠른 걸음에 초조해질 수도 있다. 하지만 그런 순간에도 나는 다시 내 리듬을 찾아 나만의 보폭으로 걸어가겠다. 방향만 잃지 않는다면, 속도는 중요하지 않다. 오래도록, 단단하게, 나답게. 그렇게 걸어가겠다.

【 팁(TIP) 】

회사에서의 하루하루는 단순히 성과를 쌓는 시간이 아니다. 그것은 내가 누구인지, 나는 어떤 방향을 향해 살아가고 싶은지를 조용히, 그러나 끈질기게 되묻는 시간이다.

매일 단 한 줄이라도 스스로에게 묻자. '나는 오늘, 나의 방향을 따라 살았는가?' 그 질문이 쌓이면, 어느 순간 우리는 더 이상 흔들리지 않는다. 어디로 가는지가 중요하다. 누구보다 오래, 나답게 걷기 위해.

◇ 삶의 방향을 되찾는 시간

회사를 다닌다는 건 단순히 직업을 유지하는 일이 아니다. 그것은 매일 내 시간과 에너지를 어디에, 어떻게 써야 할지를 선택하는 일이며, 그 선택들이 쌓여 결국 내 삶의 결을 만들어 가는 과정이다. 우리는 아침에 알람을 끄고 다시 잠들지를 결정하고, 출근길 지하철 안에서 오늘 하루를 어떻게 보낼지 어렴풋이 다짐하며, 회의 중 발언할지 말지를 고민하고, 야근을 감수할지 퇴근을 선택할지를 머릿속으로 재고 또 재며 하루를 살아간다.

이처럼 크고 작은 선택들이 끊임없이 반복되면서, 우리는 어느새 우리도 모르게 스스로를 정의하고 있는 것이다. '나는 이런 사람이다', '나는 이런 식으로 하루를 산다'는 문장이 무심히 내 안에 쌓여간다. 결국 회사생활은 직무나 역할의 문제가 아니라 나라는 존재가 시간과 감정, 에너지를 어떤 흐름으로 살아내고 있는가에 대한 이야기다.

어떤 날은 그 선택이 자랑스럽다. 문제를 해결했고, 누군가에게 도움이 되었으며, 하루를 잘 견뎌낸 나에게 작은 뿌듯함을 느낀다. 동료의 감사 인사 한마디에, 고객의 미소에, 상사의 고개 끄덕임 하나에 '오늘도 나름 괜찮았다'는 안도감을 얻는다.

그러나 또 어떤 날은 깊은 허무함이 밀려온다. 열심히 달려왔지만 정작 내가 가고자 했던 길은 아니었던 것 같고, 남들이 깔아놓은 궤적을 아무 생각 없이 따라 걸어왔다는 사실이 갑자기 숨 막히게 느껴진다. 아무리 성과를 내고, 아무리 성실히 임해도 마음속 어딘가에서는 '나는 지금, 진짜 원하는 삶을 살고 있는 걸까?'라는 물음이 지워지지 않는다. 그리고 바로 그 순간, 우리는 스스로에게 다시 물어야 한다.

지금 이 방향은 진정한 나의 길인가?
나는 지금 나를 더 좋아지게 만드는 삶을 선택하고 있는가?

이 장을 지나며 우리는 다양한 감정과 마주했다. 일이 전부가 아니라고 느껴졌을 때 찾아오는 막막함, 남들이 정한 리듬에 맞추다 잃어버린 나만의 흐름, 이 일에 나를 걸어야 할지 망설이게 만드는 불안, 열심히 했지만 기대했던 결과를 얻지 못했을 때 느끼는 허탈함과 서운함. 그리고 그 모든 감정을 통과한 끝에, 다시 나의 방향으로 돌아가고자 하는 조심스러운 결심. 이 감정들은 결코 나약함의 증거가 아니다.

오히려 그것은, 스스로를 성찰하고 성장하고자 하는 마음이 아직 살아있다는 강력한 신호다. 흔들리는 감정이 있다는 건 여전히 나 자신에게 기대하고 있다는 뜻이고, 길을 잃었다고 느끼는 순간조차 방향을 찾으려는 의지가 있다는 증거다.

살아간다는 건 수많은 선택과 방황 속에서 조금씩 자신만의 기준을 세워가는 일이다. 회사라는 공간은 그 여정의 한가운데에 놓인 실험장이기도 하다. 협업의 법칙을 배우고, 감정을 조율하는 법을 익히고, 성공과 실패를 오가며 성장을 배우는 공간. 인정받는 기쁨과 오해받는 서러움, 성과를 이루는 뿌듯함과 실수로 인한 낙심. 이 모든 경험은 때로

는 우리를 소진시키기도 하지만, 동시에 우리를 단단하게 만들어 주기
도 한다. 중요한 것은, 그 모든 경험 속에서도 끝내 잃지 말아야 할 단
하나의 질문이다.

'나는 누구이며, 어떤 삶을 살고 싶은 사람인가?'

방향을 잃었다고 느껴질 때 우리는 더 빨리 달리려 애쓰지 말아야
한다. 오히려 잠시 멈춰야 한다. 내가 가던 길을 다시 확인하고, 나침반
을 다시 점검하는 일. 어쩌면 진짜 성장의 순간은 속도를 높이는 데서
오는 것이 아니라 방향을 정확히 다시 잡는 데서 오는지도 모른다.

나의 속도가 남보다 느려 보여도 괜찮다. 주변 사람들과 다른 방향
을 걷고 있다 해도 괜찮다. 중요한 건, 내가 지금 걷고 있는 이 길이 나
에게 어떤 의미를 가지는가, 그리고 그 길을 걷는 내가 나다움을 지키
고 있는가이다. 남들의 속도에 휘둘리지 않고, 나만의 리듬을 지켜가며
걸어가는 것. 그게 진짜 '오래 일하는 법'이고, '나답게 살아가는 법'이
다. 그리고 그 길 위에서 우리는 단지 생존하는 것이 아니라 서서히 자
기 삶의 주인이 되어간다.

우리는 누구나 실수한다. 길을 잘못 들기도 하고, 잠시 멈춰 서기
도 한다. 그러나 중요한 건 방향을 잃었을 때 낙심하는 것이 아니라 다
시 나를 찾아가는 용기다. 나만의 나침반을 꺼내고, 다시 걷기 시작하는
일. 누구보다 빨리 가는 것이 아니라 누구보다 오래 나답게 가는 것. 그
것이 결국 우리가 도달해야 할 진짜 목적지다.

이제 조금 더 단단한 마음으로 다시 걸어가자. 타인의 시선이나 평가에 흔들리지 않고, 내 안의 목소리에 귀 기울이며, 나만의 길을 한 걸음 한 걸음 그려나가자. 눈에 보이는 성공보다, 마음속 납득을 더 소중히 여기며. 남들과 비교하지 않고, 어제보다 더 나를 이해하며 걸어가는 것. 그 길 위에서 우리는 이미 충분히 의미 있는 삶을 살아가고 있다.

삶은 직선이 아니다. 때로는 돌아가고, 멈추고, 다시 나아가야 하는 곡선이다. 그 복잡한 흐름 속에서도 우리가 절대 놓쳐선 안 될 것은 단 하나. 어디로 향하든, 그 길이 나로부터 시작된 길이어야 한다는 것. 지금 당신이 어떤 위치에 있든, 어떤 속도로 걷고 있든 괜찮다. 중요한 것은, 당신이 당신의 방향을 잊지 않았다는 사실이다. 그리고 그 사실이야말로, 지금 이 순간에도 당신을 단단하게 성장시키고 있는 가장 확실한 증거다.

에필로그

당신은 이미
잘하고 있다

처음 회사를 다닐 때는 '일을 잘하는 사람'이 되어야 한다고 믿었다. 실수하지 않고, 빠르게 해내며, 모두에게 인정받는 것이 성공의 증표라고 여겼다. 하지만 시간이 흐르고, 수없이 넘어지고 다시 일어서 보니 깨닫게 되었다. 회사라는 곳은 단지 능력만으로 버틸 수 있는 곳이 아니었다. 예측할 수 없는 변수, 감정의 소용돌이, 크고 작은 오해와 갈등 속에서 필요한 것은 '완벽함'이 아니라 '단단함'이었다.

단단하다는 것은 무너지지 않는다는 뜻이 아니다. 오히려 누구보다 많이 흔들려본 사람, 그 흔들림을 부끄러워하지 않고 돌아볼 수 있는 사람이 진짜 단단한 사람이다. 실수 앞에서도 자신을 미워하지 않고, 피드백 앞에서도 방어하지 않으며, 감정의 소용돌이 속에서도 솔직할 수 있는 사람. 결국 회사에서 오래 살아남는 것은 완벽한 사람이 아니라 넘어질 때마다 스스로를 다독이며 다시 중심을 찾아가는 사람이다.

회사는 결과만을 보는 곳이 아니다. 일이 잘 풀릴 때도 있지만, 때로는 이유 없는 오해를 받고, 노력한 만큼 인정받지 못하는 순간도 찾아온다. 그럴 때 필요한 것은 스펙이 아니라 태도이고, 자격증이 아니라 회복력이다. 단단함은 매일의 작은 선택 속에서 조용히 다져진다. 남들보다 빠르지 않아도, 눈에 띄지 않아도 괜찮다. 중요한 것은 그 속에서도 자신을 잃지 않는 것. 흔들릴 때마다 이유를 이해하려 하고, 다시 중심을 찾으려 애쓰는 것. 그렇게 하루하루 쌓여가는 마음의 근육이 결국은 우리를 더 깊고 단단하게 만든다.

당신은 지금, 이 책의 마지막 페이지를 넘기고 있다. 어쩌면 오늘도 힘든 하루를 버티고 돌아온 길일 것이다. 완벽했다고 말할 수는 없어도, 적어도 오늘 하루 '자리를 지켰다'는 사실 하나만으로도 이미 대단하다. 우리는 종종 스스로에게 너무 가혹하다. '내가 잘하고 있는 걸까?', '이렇게 일하는 게 맞을까?', '나는 괜찮은 동료, 괜찮은 사람일까?' 하지만 잊지 말자. 이런 질문을 던지고 있다는 것 자체가 이미 성장의 증거다. 성장은 정답을 찾아가는 것이 아니라 질문을 던질 수 있는 용기에서 시작된다.

모든 답을 알지 않아도 괜찮다. 매 순간 완벽하지 않아도 괜찮다. 중요한 것은, 매일 아침 다시 회사로 향하는 당신의 발걸음이다. 흔들리는 마음을 다잡고, 오늘 하루를 살아내려는 그 조용한 의지야말로 진짜 실력이다. 삶은 멋진 성과보다, 작지만 반복되는 용기에서 완성된다.

이 책을 덮는 지금, 당신은 어쩌면 여전히 같은 고민을 품고 있을지도 모른다. 내일도 지하철을 타고, 커피를 들고, 책상 앞에 앉아 하루를 시작할 것이다. 그러나 이제 당신은 안다. 힘든 건 나만이 아니고, 서툰 것도 잘못이 아니며, 관계는 조율할 수 있고, 감정은 회복할 수 있다는 것을. 그리고 무엇보다, 지금 이 순간에도 당신은 이미 잘하고 있다는 것을.

삶은 직선이 아니다. 때로는 돌아가고, 멈추고, 길을 잃기도 한다. 하지만 그 모든 곡선 위에서도 우리가 절대 잃어서는 안 될 것은, 나로부터 시작되는 방향을 다시 찾아가는 힘이다. 회사라는 공간은 완벽을 요구하는 곳이 아니라 매일매일 스스로를 다듬어가며 나만의 길을 만들어 가는 여정이다.

지금 이 순간, 당신은 이미 잘하고 있다. 서툴러도 괜찮다. 느려도 괜찮다. 중요한 것은 멈추지 않는 것이다. 힘든 하루를 버티고 있는 당신, 매일 스스로를 다독이며 다시 출발하는 당신, 흔들리면서도 방향을 잃지 않으려 애쓰는 당신. 그 모든 순간이 결국 당신을 더 단단하게, 더 깊게, 더 아름답게 만들어 줄 것이다.

언제든지 이 페이지를 다시 열어보길 바란다. 여기, 당신이 나아가고 있던 방향이 있었음을, 그리고 그 길 위에 당신만의 의미가 쌓이고 있었음을 잊지 않도록. 완벽하지 않아도 괜찮다. 단단하게, 그리고 당신답게. 그게 이 책이 마지막으로 전하고 싶은 진심이다.

부록

서툰 나를 위한 작은 연습장

1. 하루 하나 나를 위한 작은 약속

가끔은 하루가 너무 빠르게 흘러가고, 나는 그 하루 안에서 나를 잠깐도 바라보지 못할 때가 있다.

아래의 문장들은 그럴 때 나에게 천천히 건네는 다정한 질문들이다. 하루의 끝에서, 이중 단 한 줄이라도 가만히 되뇌어 보자.

- 오늘 나는 나에게 얼마나 다정했는가?
- 누군가의 말이 내 마음에 오래 남았다면, 그건 왜였을까?
- 피로보다 감정이 더 무거웠던 순간이 있었다면, 그 감정을 말로 표현한다면 어떤 단어였을까?
- 일이 잘 풀리지 않아도 괜찮다고, 오늘의 나를 안아줄 수 있는 말은 무엇일까?
- 오늘 내가 나를 지켜준 방식은 무엇이었을까?

이 짧은 다섯 문장은 나를 조용히 살펴보는 거울이다. 하루가 아무리 바쁘더라도, 스스로를 돌아보는 30초의 시간이 있다면, 우리는 조금 더 따뜻한 내일을 만들 수 있다.

2. 나에게 띄우는 다정한 편지

To. 과거의 나에게

안녕, 과거의 나.
지금 나는 너에게 고마운 마음을 전하고 싶어.

(고마운 일이나 마음을 적어보세요.)

네가 있었기에, 지금의 내가 있어.
그때 네가 용기 내준 순간들 덕분에,
나는 여기까지 걸어올 수 있었어.

실수했던 날도, 주저했던 순간도,
모두 너였기에 소중했어.

고마워. 정말로 고마워.
앞으로도 함께 걸어가자.
네가 나의 뿌리야.

지금의 내가

(날짜)

To. 미래의 나에게

안녕, 미래의 나.
지금 이 순간 나는 이런 마음을 느끼고 있어.

(지금의 감정을 적어보세요.)

아마도 앞으로 많은 일들이 있겠지.
때로는 힘들고, 때로는 외로울 수도 있겠지만,
나는 너를 믿어.

너라면 분명히, 지금보다 더 단단하고 부드럽게 걸어가고 있을 거야.
혹시 그때 지치거나 흔들린다면,
이 편지를 꺼내 읽어줘.

그리고 기억해줘.

너는 이미 충분히 잘하고 있다는 걸.
언제나 너를 응원하는, 지금의 내가

(날짜)

3. 흔들리는 감정에 건네는 작은 처방전

어떤 날은 이유를 모르겠는데 마음이 무겁고, 어떤 날은 말 한마디에 눈물이 쏟아질 것 같다. 아래는 그런 날을 위한 짧은 감정별 응급처방전이다. 지금의 나에게 가장 가까운 감정을 골라, 천천히 그 감정과 함께 머물러 보자.

◊ **불안할 때**

'내가 놓치고 있는 건 없을까?'라는 생각이 머릿속을 떠나지 않을 때, 잠시 멈추고 이렇게 말하자.

"지금 내가 할 수 있는 일은 아주 작아도 괜찮아. 방향을 잃은 게 아니라 잠시 쉰 것뿐이야."

◊ **지칠 때**

몸은 멀쩡한데 마음이 무기력할 때, 억지로 견디지 말고 감정을 정리해 보자.

"지친 나에게 오늘은 '의무'보다 '회복'을 허락할래?"

◊ 억울할 때

내가 한 말이 오해받거나, 의도와 다르게 받아들여졌을 때.

"내 진심이 전부 왜곡된 건 아니야. 지금 이 감정은 내가 소중하게 여긴 걸 지키려다 생긴 것이야."

◊ 외로울 때

모두가 내 감정을 모른 채 지나가는 것 같을 때.

"감정은 연결을 원해. 지금 느끼는 이 고요함도 나의 일부야. 곧 나와 연결될 누군가가 나타날 거야."

◊ 무감각할 때

감정조차 느껴지지 않고, 아무 생각이 없는 하루.

"지금은 아무것도 느끼지 않아도 괜찮아. 감정은 때로 멈추기도 해. 그 자체로 숨 쉬는 중이야."

이 감정들은 사라져야 할 것이 아니라 그저 이해받기를 원하는 마음의 언어다. 조급해하지 말고, 감정과 함께 잠시 쉬어가자.

4. 오늘 나와 대화하는 5분 일기

오늘 하루, '누군가'에게 잘 보이기 위해 살아왔다면 이 순간만큼은 '나 자신'과 조용히 대화해 보자. 아래 질문에 솔직하게 답하는 5분이면 충분하다.

- 오늘 하루 내 마음에 가장 오래 남은 장면은 무엇인가요? 그 장면은 어떤 감정을 남겼나요?
- 오늘 나는 스스로에게 어떤 말을 가장 많이 했나요? 그 말은 날 지지했나요, 아니면 작아지게 했나요?
- 내가 오늘 가장 집중한 일은 무엇이었나요? 그 일은 내가 진심을 담은 일이었나요, 아니면 버티기 위한 일이었나요?
- 내가 오늘 단 한 번이라도 웃은 순간이 있었다면, 그것은 어떤 상황이었나요? 그 웃음은 어떤 감정을 따라왔나요?
- 오늘 하루의 나에게, 지금 내가 건네고 싶은 말은 무엇인가요?

조용히 마음속에 적어보자. 이 5개의 질문은 일기를 쓰기 위한 형식이 아니라 스스로를 놓치지 않기 위한 작은 대화이다. 내일도 이 감정 위에서, 조금 더 나답게 살아갈 수 있기를.

5. 나를 더 잘 알기 위한 조하리의 창

우리는 스스로를 안다고 믿지만, 막상 내 마음속을 들여다보면 낯선 구석이 하나쯤은 있다. 그건 어쩌면 '나를 잘 모르는 게' 아니라 '어떻게 바라봐야 할지 몰랐던' 부분일지도 모른다.

심리학자인 루프트와 잉햄이 만든 '조하리의 창'은 우리 안에 존재하는 네 가지 자아를 통해, 자기 이해와 소통의 가능성을 보여주는 심리 모델이다. 이 창은 '나'와 '타인'의 시선이 교차되는 네 개의 창문으로 이루어져 있다.

첫째, 개방된 나(Open area)
나도 알고 타인도 아는 나.
말로 표현하고, 감정도 나누며 살아가는 영역이다. 이 영역이 넓어질수록 관계가 편안하고, 감정도 덜 억눌린다.

> **질문해 보기**
> 나는 지금 내 감정을 얼마큼 솔직하게 말하고 있나요?
> 나의 어떤 모습이 타인에게도, 나에게도 가장 자연스럽게 비쳐질까요?

둘째, 비밀의 나(Hidden area)
나는 알지만 타인은 모르는 나.

속으로는 알고 있지만 드러내지 않는 감정들, 생각들, 나만의 취향이 숨어 있는 공간이다. 여기에 오래 머물수록, 진짜 나를 이해받지 못했다는 외로움이 자라난다.

> **질문해 보기**
>
> 나는 어떤 감정이나 상처를 꽁꽁 숨기고 있나요?
> 이 중 일부라도 누군가와 나눌 수 있다면, 나는 어떤 감정을 느낄까요?

셋째, 맹점의 나(Blind area)

타인은 알지만 나는 모르는 나.

나의 말투, 표정, 무의식적인 습관처럼 내가 인식하지 못한 모습들이 이 영역에 있다. 이 영역은 피드백을 통해 조금씩 드러나고, 조율되며 성장한다.

> **질문해 보기**
>
> 누군가의 피드백이 나를 불편하게 했던 적이 있다면, 그건 왜일까요?
> 나는 어떤 부분에서 '나는 괜찮다고 생각했는데'라는 말을 자주 하나요?

넷째, 미지의 나(Unknown area)

나도 모르고 타인도 모르는 나.

아직 발견되지 않은 재능, 극복되지 않은 감정, 새롭게 깨어날 가능성이 이곳에 있다. 혼란 속에서도 우리가 기대할 수 있는 변화는 이 영역에서 시작된다.

> **질문해 보기**
>
> 나는 아직 어떤 감정을 마주할 준비가 안 되었을까요?
> 앞으로의 나는 어떤 모습으로 변화할 수 있을까요?

이 네 개의 창은 서로 고정된 것이 아니라 표현하고, 나누고, 듣고, 이해하는 과정 속에서 크기가 달라진다. 때로는 감정을 꺼내놓는 용기 하나가, 닫힌 창문을 열어준다. 당신은 지금, 어느 창 앞에 서 있는가? 그리고 오늘, 그 창문을 조금 더 열 수 있다면 어디부터 열어보고 싶은가?

6. 마지막 한 페이지

작은 별똥별이 흐르는 하늘 아래, 초승달이 떠 있다. 꽃송이 하나가 조용히 피어있다.

"서툴러도 괜찮아.
오늘도 한 걸음, 너는 충분히 잘하고 있어."

서툴러도 괜찮아

초판 1쇄 발행 2025년 06월 09일

지은이 육헌영
펴낸이 류태연

펴낸곳 렛츠북
주소 서울시 영등포구 문래북로116, 1005호
등록 2015년 05월 15일 제2018-000065호
전화 070-4786-4823 | **팩스** 070-7610-2823
홈페이지 http://www.letsbook21.co.kr | **이메일** letsbook2@naver.com
블로그 https://blog.naver.com/letsbook2 | **인스타그램** @letsbook2

ISBN 979-11-6054-761-0 (03320)

* 이 책은 저작권법에 따라 보호를 받는 저작물이므로
  무단전재 및 복제를 금지하며, 이 책 내용의 전부 및 일부를 이용하려면
  반드시 저작권자와 도서출판 렛츠북의 서면동의를 받아야 합니다.
* 잘못된 책은 구입하신 서점에서 바꾸어 드립니다.